ずぼらな人でも絶対に損しない

手取り17万円からはじめる資産運用

監修

横山光昭

家計再生コンサルタント
ファイナンシャルプランナー

宝島社

はじめに

たとえ所得が少なくたって資産は確実に増えます

あり余るほどの資産があって、10年先も20年先も前途洋々という人はまずいません。ほとんどの人は、限られた収入のなかでなんとかやりくりしているのが実情だと思います。ひと昔前とは違い、給料が増えないのはおろか、手当やボーナスが出ないなんてこともざらにあります。その反面、消費税率や社会保障費は上がり続けていて、所得は減り続ける一方だったりもします。

そういったなかで、少しでも資産を増やすために考えてもらいたいのが〝資産運用〟です。資産運用というとなんだか堅苦しい印象を受けますが、誰もがしている銀行預金だって立派な資産運用のひとつ。あまりに身近すぎて意識していないかもしれませんが、預けたお金が運用されて利子がつけば同じことです。ただ、銀行預金は超低金利時代といわれるご時世だけに、利子はたかが知れているのはいうまでもありません。

そこで、本書ではより利率のいい金融商品や投資方法の紹介はもちろんのこと、資産運用をはじめるにあたり、知っておきたいリスクや心構えについて触れています。また、資産運用には先立つものが必要となるだけに、私なりの貯金テクニックや節約術も盛り込みました。

手取りが17万円であったとしても資産は作れますし、将来に不安を感じることはありません。ぜひ、「お金の増やし方」と「お金の貯め方」という、資産作りにおけるふたつの軸を同時にマスターして、人生を豊かにしてください!

家計再生コンサルタント　横山光昭

序章

横山先生に聞く！お金にまつわるアレコレ Q&A

ここでは最新の投資先から賢い節約の仕方まで、お金にまつわるアレコレを横山先生に質問。ためになる回答を頂戴しました。

ビットコインが世間を賑わせていますが、投資の対象として有用でしょうか？

A 投資の対象としては信用できません

ニュースでも大々的に取り上げられているビットコインという仮想通貨。日本ではあまりなじみがなく、実際に使えるお店は多くありません。どちらかといえば、インターネット上の投機目的として注目されているだけに、暴落するリスクをはらんでいます。とはいえ、仮想通貨は大変便利なので将来的にもっとメジャーになっていく可能性は大いにあります。動向には注視しておくべきでしょうね。

リターン度	リスク度	オススメ度
★★★	★★★	★

メルカリで副業をしているという人の話を聞きますが、儲かるものなんですか？

A 仕入れの目利きができる人は儲かります

メルカリの本来の趣旨は、不要なものを欲しい人に売ることだと思いますが、ネットショップとして利用している人も少なくないようです。ただ、実際に店を開くにしても、ネットショップを開くにしても、質が高く安価な商品の仕入れルートを開拓しなければ商売は成功しません。目利きに自信のある人や、仕入れルートを持っている人は、チャレンジしてみてはどうでしょう？

リターン度	リスク度	オススメ度
★★	★	★★

節約のため**格安スマホ**にしようか迷っています

A 支出を減らすうえで絶対に欠かせません

いままでは携帯代に毎月1万円程度を支払うのは当たり前という感じでしたが、格安スマホの登場で半分以下の支出で済むようになりました。格安スマホは基本料が安い代わりに、通話料がかかるというデメリットもありますが、無料通話アプリを利用すればあまり問題ありません。

リターン度	リスク度	オススメ度
★	★	★★★

ふるさと納税はやるべきですか？

A メリット多数なので大いにやるべき

自治体に寄付をすれば、寄付金控除が受けられ所得税や住民税を安くすることができる「ふるさと納税」。しかも、返礼品としてその土地の特産品がもらえるのが、この制度の大きな魅力です。特産品がもらえて節税までできるのであれば、やらない手はないでしょう。活用をお勧めします。

リターン度	リスク度	オススメ度
★	★	★★★

つみたてNISAには加入すべき？

A 新しい制度として私も推奨します

2018年の1月からはじまる「つみたてNISA」。新たな少額投資非課税制度として、注目されているのでご存知の方もいるはずです。非課税投資枠は年40万円で、投資期間が最長20年間と長いのも魅力です。非課税の期間が5年である「NISA」より、「つみたてNISA」を推奨します。

リターン度	リスク度	オススメ度
★★★	★	★★★

VALUというサービスはどう思いますか？

A 投資商品としては信用度が高くありません

個人が株式会社のようにVAという擬似株式を発行することができる「VALU（バリュー）」。また、取引はビットコインを用いて行われるなど、いままでになかった形態で注目を集めています。ただ、やはりまだ新しい分野ですし、流行っているからといって手を出すのは早計かなと思います。

リターン度	リスク度	オススメ度
★	★★★	★

電力自由化というのは本当にお得なの？

A 賢い選び方をすれば支出は抑えられます

2016年から電力の小売りが全面自由化され、地域の電力会社以外からも電力を買えるようになりました。事業者によっては、ガスやインターネット、電話などとのセット割があったりするため、家族構成によっては年間1万円以上も電気代が安くなりますよ。家計の改善にぜひ！

リターン度	リスク度	オススメ度
★	★	★★★

iDeCoには入ったほうがいいのでしょうか？

A 優遇措置が多いので当然、加入でしょう

2001年に創設された個人型確定拠出年金「iDeCo」。今後、公的年金だけでは老後の家計を支えることは難しいだけに、自助努力型の年金制度として注目を浴びています。税制面でさまざまな優遇措置が取られていますので、むしろ率先して加入していただきたいと思います。

リターン度	リスク度	オススメ度
★★★	★	★★★

投資用マンションは購入すべき？

A 魅力はあるけれど不安も多い投資先です

マンション投資では月々の家賃収入のほか、価値の上昇による売却益のふたつに魅力を感じる人も多いと思います。ただ、利益を上げるためには自分で管理をしなければならないし、そもそも不動産は経年劣化により価値が下がっていくものです。安易に手を出すのはやめましょう。

リターン度	リスク度	オススメ度
★★	★★★	★

民泊ビジネスは儲かりますか？

A デメリットが多いのでやめたほうが良い

2020年に開催される東京オリンピックで多くの外国人の来日が見込まれるし、空き家対策としても今後伸びそうな「民泊ビジネス」。立地条件が良ければ大きな収入を生み出しそうですが、家電や家具といった設備投資や清掃の手間、言葉の壁などデメリットも多くはらんでいます。

リターン度	リスク度	オススメ度
★★	★★★	★

ずぼらな人でも絶対に損しない

手取り17万円からはじめる資産運用

contents

10000
10000

第1章

「リスク」という言葉に惑わされていないか？

01

リスクを知れば少しも怖くない！

投資における3つのリスクを知っておこう

リスクとは〝危険性〟ではなく〝不確実性〟

あなたが資産を運用して投資をはじめる際、念頭に置くべき大前提があります。

リスクです。投資にはつねにリスクが伴います。

貯めることを目的にした貯蓄の場合、基本的に元本が保証されるなど、確実性が重要視されます。

その一方、増やすことに重きを置く、投資信託や債券、株式で資産運用をする投資は、誰も確実にその成果を予測できません。

得するためにはじめたはずなのに、思わぬ事態により、大損をすることだってあるのです。

投資におけるリスクとは、この〝不確実性〟を指します。

ただ、事故や災害や疾病による〝危険性〟という意味のリスクではない点にご留意ください。

では、ここで投資にはどのようなリスクがあるのかを解説します。

運用商品で異なる3タイプのリスク

「元本割れするリスクがあります」という一文を聞いたことがありますか？

商品の価格が投資した金額よりも下回ってしまうことを元本割れというのですが、投資にはそのリスクがついて回ります。

保証されない元本資産

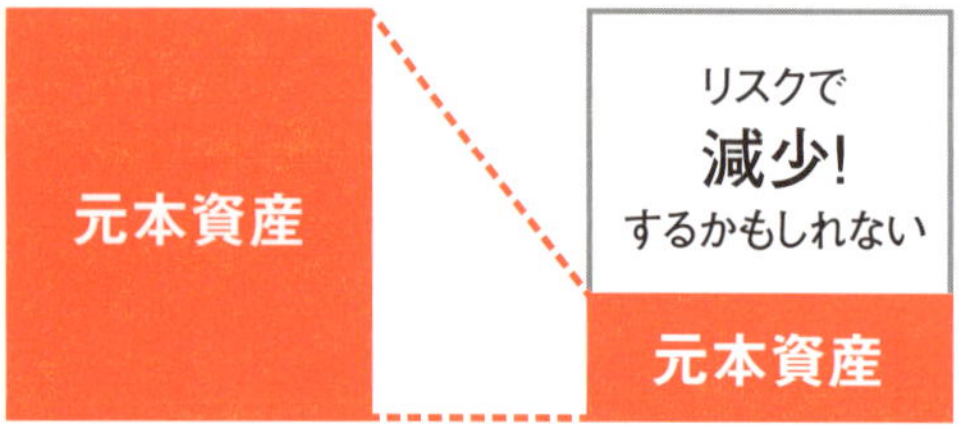

例えば投資信託商品を買うとき、この説明を受けます。時価評価額（債券価格）が変動することで評価損をもたらしてしまうリスクです。『価格変動リスク』といいます。債券や株式の投資でも注意する必要があります。

『為替変動リスク』は為替相場の変動によって外貨建て資産の価値が下落するリスク。

例えばドル建ての外国債券に投資した場合、円安ドル高になればその価値は上昇し、逆に円高ドル安になると価値が減少します。

最後は『金利変動リスク』です。

文字通り、金利変動によって資産価値が目減りするリスクのこと。金融商品でもっとも影響を受けやすいのが債券です。市場金利が上昇すれば価値は下落、市場金利が下落すれば価値は上昇します。

ひと口に投資におけるリスクといっても、このように購入する商品やその特性によって、さまざまな〝不確実性〟があることを正しく理解しておく必要があります。

知っておくべき３つの投資リスク

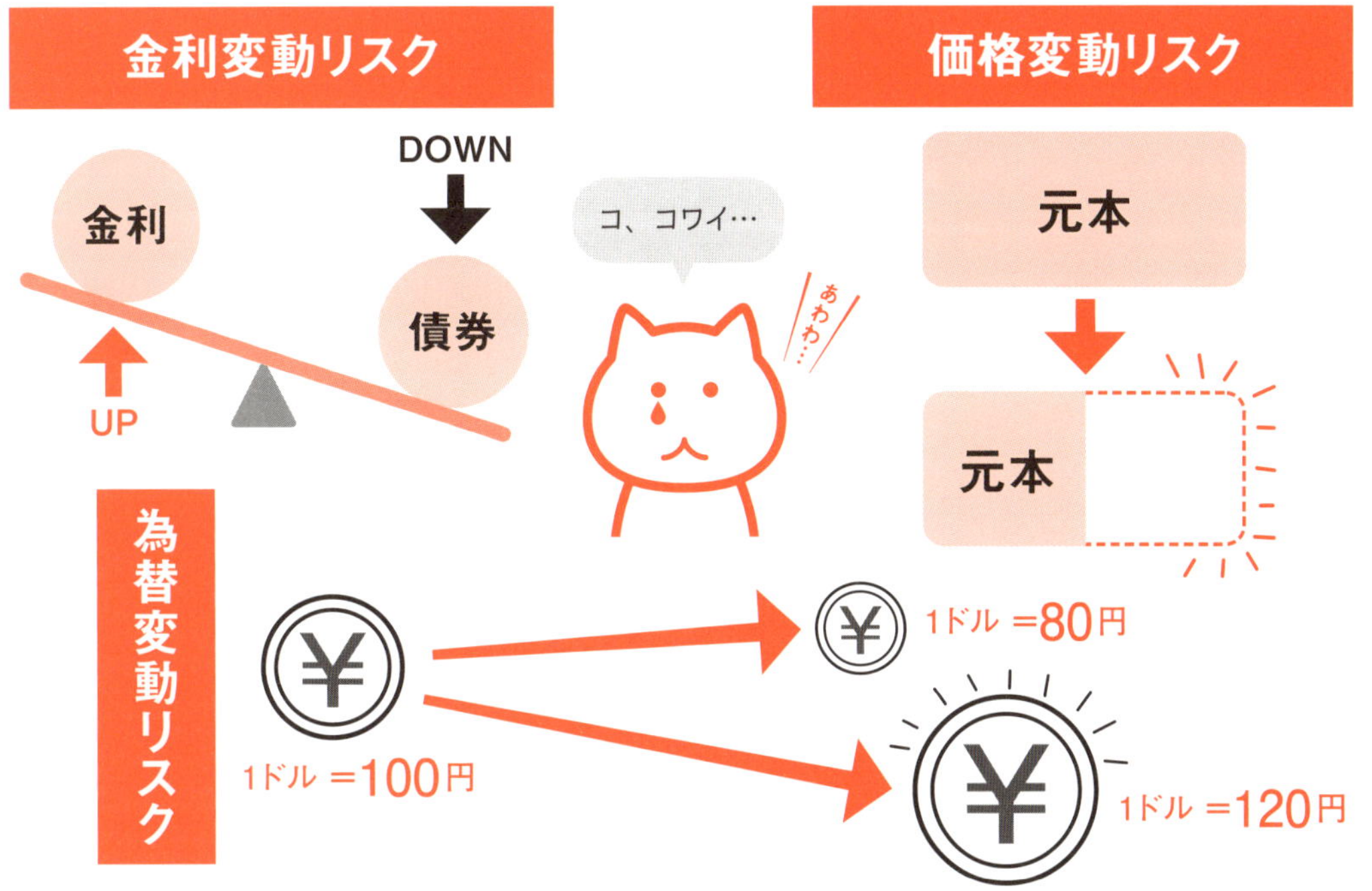
金利変動リスク
金利
UP
DOWN
債券
コ、コワイ…
あわわ…
価格変動リスク
元本
元本
為替変動リスク
1ドル＝100円
1ドル＝80円
1ドル＝120円

正しい理解と積極的な向学心で

前述の通り、投資リスクとは、“危険性”ではなく、あくまでも“不確実性”を意味するものです。すなわち必ず危険がついて回るわけではありません。

あなたが資産運用する予算や目的や期間、あるいは資産形成のイメージに沿った理想的な投資スタイルを選び、どのようなリスクが存在するのかを正確に把握することが最重要となります。

やみくもに投資リスクを怖がっていては、あなたの将来において、財産やお金を味方にできなくなるかもしれません。

プロのアドバイスを聞いたり、専門書で知識を蓄えたりしようとする心構えが、投資をはじめる第一歩として大切です。

POINT

元本割れするリスクにご注意

増やすことに重点を置く、投資信託や債券、株式で資産運用する投資は元本が目減りするリスク、すなわち“不確実性”が存在します。誰も確実に投資の成果を予測できません。リスクには『価格変動リスク』『為替変動リスク』『金利変動リスク』の３つがあります。積極的な向学心でリスクをカバーしようとする心構えが、投資をはじめるうえでは大切です。

やみくもに恐がるのは禁物だよ

02

リスクを知れば少しも怖くない！

預金にだってリスクはある

低金利というリスクに着目しよう

日本の銀行にお金を預けても、金利が低すぎて、貯金にはあまり魅力がないと思われています。

低金利の理由はデフレ。すなわち、世の中の物価が低下傾向にあるからです。

政府はデフレを改善させるため、さまざまな方策を取っていますが、いまだ銀行の金利にはうまく反映できていないのが現状。一般的に、景気を好調に保つには、適度なインフレがふさわしいとされています。

いわゆるアベノミクスによって、株価上昇や円安の傾向になり、日本の景気は緩やかに改善されていますが、それでもデフレ状態から完全に脱却できず、銀行では低金利が続いています。

前ページでも触れたように、貯めることを目的にした貯蓄は、基本的に元本が保証され、確実性が重要視されています。

ですが、いまのような低金利でお金を銀行に預けるのが果たして正しい選択肢といえるかというと、疑問符が浮かんできます。

『貯める』＝堅実ではない現実が

メガバンクの普通預金の金利は年0・001％（2017年現在）。その一方、投資信託ではインデックスファンドに投資した場合の平均利回りは年4～6％といわれています。

その差は歴然でしょう。

同じ金額を毎月コツコツ預けたとして、10年後には数十万円もの差が開いてしまう状況も起こりえるのです。

銀行にお金を貯蓄している限

同じ商品でもインフレとデフレでリスクが！

インフレ
¥1,200
¥200 足りない
1000
同じ
買い物を
しても
デフレ
¥800
おつり¥200

り、つねにノーリスク、という考えが揺らいできませんか？

『貯める』という堅実な手法が、じつは『増やす』という積極的な手法に比べ、ある種のリスクをはらんでいるのですから。

さらに考えを発展させます。

もし仮に、貯蓄していく10年間において、急激なインフレが起きてしまうと、どうなるでしょう。

過度なインフレが起こり、これまで１０００円で購入できていたものが１２００円出さなければ買えなくなったとします。

結果として預金元本額は銀行に保証されてはいるものの、実質的な現金の価値が減少してしまうため、貯蓄は目減りします。

『増やす』投資でリスクを避けよう

このように長い時間をかけて資産を形成していく場合、ただ『貯める』だけではリスクがあります。

本来、リスクを回避して預金していたはずなのに、逆にリスクを取らないリスクに陥ってしまうケースが起こりえるのです。

将来的な資産を形成するためには、こういう考え方を持つことが非常に大事です。つまり、『貯める』に加えて、『増やす』にも柔軟にチャレンジすることで、有効な資産運用の道が開けます。

貯蓄に必ずしも安全ではないため、投資のチョイスでリスクを分散する術を身につけておくことが、いまの時代には必要です。

同額元本でも「貯める」と「増やす」とでは……
金利
銀行
年0.001％
10年後にはなんと
数十万円もの差！
金利
投資信託
インデックスファンド
年4〜6％

POINT

デフレとインフレの関係を理解しよう

メガバンクの普通預金の金利は0.001％(2017年現在)。いまはデフレ傾向でも、今後はインフレで物価が上昇することも。預金した元本は銀行に保証されてはいるものの、過度なインフレがやってくれば、実質的な金銭価値が減少してしまうため、貯蓄は目減りしてしまいます。堅実に思える預金にも、リスクはあるのです。

「貯める」と「増やす」はどっちも大切だよ

03

リスクを知れば少しも怖くない！

金融機関が勧める商品には気をつけたい

「相談無料」とお勧め商品の裏事情

一般的に投資にまつわる金融商品は、難解かつ複雑に映ります。

初心者が独自の判断で、山のようにあるそれらの商品からひとつを選ぶことは難しいでしょう。

とはいえ、いきなり証券会社や銀行など金融機関の窓口を訪れることは避けてください。

たとえ店頭に「相談無料」とあっても、カモがネギをしょっていくようなものだからです。

まず、世の中の基本的な仕組みを理解してみてください。

街中に立派な店を構えていながら、売上も利益も生むことなく、ボランティアで無料奉仕する金融機関など存在しません。

そこには絶対に儲かるシステムがあるわけです。

つまり裏を返していうなら、金融機関が積極的に勧めてくる商品こそ、客のあなたではなく、店側の自分たちが儲かる商品、すなわち販売手数料が高額な商品である可能性が高いといえます。しかもお勧め商品に限って、高利回りや人気の高さを強調し、目につきやすくなっているものです。

利益性に惑わされずデメリットを考える

手数料の高い商品と低い商品があれば、前者を販売してより多くの利益を生み出したいと考えるのが店側の明快な本音です。

店頭に特設コーナーがあったり、特別カタログが用意されていたりするお勧め商品。

購入客へのメリットが数多く紹介されていても、実際はハイリスク・ハイリターンな〝裏がある〟商品である危険性も否めません。

「分配金が毎月出る」という投資信託商品があるとします。

一見すると利益性が高く感じられます。通常の投資信託は年に一度の分配だからです。

このような毎月分配型の投資信託にはデメリットが潜みます。

将来的に分配される利益を削り取ることで価値と複利効果を減少させる、あるいはリスクの高い運用に走って元本割れを起こす、といった本末転倒な問題が含まれていたりする場合もあるのです。

魅惑的なキャッチフレーズや、軽妙な営業トークに惑わされることなく、『手数料が高い』『リスクが大きい』という現実を見極める

銀行で投資信託を買うとマイナスに

大手銀行の売れ筋投資信託

- 1位 DIAMオーストラリアリートオープン
- 2位 ラサール・グローバルREITファンド
- 3位 メディカル・サイエンス・ファンド

『相談無料』の裏に潜むワナとは?

金融機関での無料相談に行くと……

こちらのプランが
絶対にお勧めですね
あ、あああー
ハイ、じゃ
それにします
ウッシッシッシ、
手数料が一番高いプランが売れた
これでまたボロ儲けだ
ホントはよくわからないけど、
とりあえずお勧めだから
信用しよう

ことが重要といえます。

あなたの資産運用を最優先しない銀行

とりわけ相談しないほうがいいのは銀行窓口です。

担当者が熱をこめて購入を勧める投資信託や保険の商品には、じつは多額の手数料が含まれています。銀行側からすると、非常に収益性の優れた商品なのです。

あえて乱暴な表現をするなら、必ずしも顧客にとって有益でメリットが大きい資産運用を考えているわけではありません。

しかも投資信託の窓口販売の場合、購入額に販売手数料が含まれます。その一方で、ネット証券では販売手数料ゼロの金融商品が多数ある点を覚えておきましょう。

損得勘定の意識を持つことが、賢い投資生活への第一歩です。

POINT

店の都合と客の都合は真逆

金融機関が積極的に勧める商品は、客ではなく、店側の人たちが儲かる商品、すなわち販売手数料が高額な商品である可能性が高いといえます。また、お勧め商品はメリットが数多く紹介されていても、実際はハイリスク・ハイリターンな裏がある商品である危険性も。キャッチフレーズや営業トークに惑わされないことです。

カモネギにならない
注意が必要だね

「確実に儲かる」といわれたら詐欺だと思うこと

運用の大原則をよく理解しよう

おいしい投資話。

絶対に大金が稼げる儲け話。

タイトル通り、「確実に儲かる」と勧められたら、まずそれは詐欺だと疑ってかかるべきです。

投資に『絶対』や『確実』は存在しません。

運用の大原則には、

「ハイリスク・ハイリターン」

「ローリスク・ローリターン」

このふたつしかありません。

にもかかわらず、国内外で巨額な投資詐欺事件があとを絶たないという現実があります。

話がうますぎるとわかっていながら、まんまと騙されて大金を失ってしまう人が、なんと多いことでしょうか。

手口はじつにさまざまです。

実現不可能な高配当を謳う元本保証型商品、無認可のモグリ金融商品、連鎖的に紹介者を募るねずみ講など。それらはすべて実体のない儲け話でありながら、人の心をわしづかみにしてしまう不思議な力を備えています。

とても大事なことなので、もう一度いいますが、投資の世界に確実という言葉は絶対にありません。甘い言葉に騙されないよう注意してください。

世界を揺るがした3大投資巨額詐欺事件

年	事件	被害総額
2007年	L&G社巨額詐欺事件	１２６０億円
2012年	AIJ年金詐欺事件	１４５８億円
2013年	MRIインターナショナル事件	１３６５億円

人の心につけ込む詐欺話の甘い罠

２０１２年の『AIJ年金詐欺事件』は、虚偽のファンド運用実績によって約１４５８億円もの資金を年金基金の運用担当者から騙し取った巨額詐欺事件。

年金としての預かり資産の大半を投資の失敗によって消失し、社会的にも大問題になりました。

2013年、国境を超えた詐欺として世間を騒がせたのが『MRIインターナショナル事件』。8700人もの日本人投資家が、米国の金融業者に騙され、1365億円も騙し取られました。

同じ投資をして、限られた資産を運用するなら、少しでも高利回りかつ短期間で財産を増やしたい、とは誰もが願う本心です。

とはいえ、甘い儲け話に目がくらむあまり、投資についての基本知識を忘れてまで、大切な資産をやみくもにつぎ込んで失ってしまえば、泣くに泣けません。

これら詐欺的な儲け話の謳い文句は「ローリスク・ハイリターン」。金融の世界の常識では考えられない非現実的な作り話です。

投資におけるリスクとリターンの関係性を冷静に考えれば、容易に真偽の判断がつきます。

大きく儲けようと焦って失敗を招く

リスクとリターンの関係性を理解しないまま投資に乗り出せば、ほとんどの場合、リスクの取りすぎで失敗してしまいます。

少額の資金でレバレッジの高い取引ができるFX（外国為替証拠金取引）は自己資金の25倍までの取引が可能なハイリスク商品。

儲けが大きいということは、同時に失敗した場合の損失も大きい点を見逃してはなりません。

短期間で一気に財産を増やそうという、野心にも似た投資欲が焦って湧いてくるときこそ、よく注意してください。

ローリスク・ハイリターンはありえない!

ウッシッシッ
絶対に儲かりまっせ！
しかも、リスクゼロ！
だ、大丈夫かなあ
じゃ全財産を投資します
その後……
すべてを失ってしまった……

POINT

短期で増やしたいという焦り心は禁物

同じ投資をして、限られた資産を運用するなら、少しでも高利回りかつ短期間で財産を増やしたい、とは誰もが願う本心。けれども絶対においしい投資話はこの世に存在しません。短期間で一気に財産を増やそうという、野心にも似た焦り心が湧いてくるときこそ要注意。心の隙間に悪い話がするりと入り込むものです。

おいしい話なんてないと思うべきだよ

05

リスクを知れば少しも怖くない！

お金のプロやマネー雑誌の予想に頼ってはいけない

株式投資は資産運用の代名詞

投資といえば、日本の上場企業の株式に投資して資産を運用することだと思っている人が、いまだ大半を占めることでしょう。

実際、書店をのぞいてみてください。これから上がる注目の個別銘柄を取り上げた特集記事が、やけに多いことに気づかされます。

同様の情報はインターネット上にも多数見受けられます。

特に日経平均株価が堅調に伸びてくると、一般の週刊誌までが目玉企画として特集します。

旨味のありそうな情報が飛び交っていて、そんなに儲かるのであれば、自分もやってみようと思いますよね。

ところが株式投資初心者にとって、これらが思わぬ落とし穴だということをご存知でしょうか？

ここでは株式投資において失敗しがちな事例を解説します。

専門家でも困難な株価の予測

「生き馬の目を抜く」。株式投資で成功を収めるに、これほどふさわしい表現はありません。

特にネット証券会社のサイトによって、まさに秒単位で激しく変動する株価を見ながらのトレードが可能になってからというもの、株価はめまぐるしいスピードで上下を繰り返して変動します。

そのためチャートや業績やＩＲを見ただけで、特定銘柄の今後の株価の動きを予想することは、プロのアナリストや、資産運用会社の専門家であっても困難を極めます。まず、この現状を理解することが重要です。

となれば当然、週刊誌や月刊誌に掲載される特集記事の推奨銘柄の株価予測を頼りにすべきでないことは、火を見るよりも明らかなのです。しかも誌面の記事が書かれてから書店に並ぶまで、いったいどれだけタイムラグがあることでしょう。その間に、各々の企業の株価を動かす材料が出ている可能性も大いに想定されます。

優秀なアナリストでも株価予測は困難

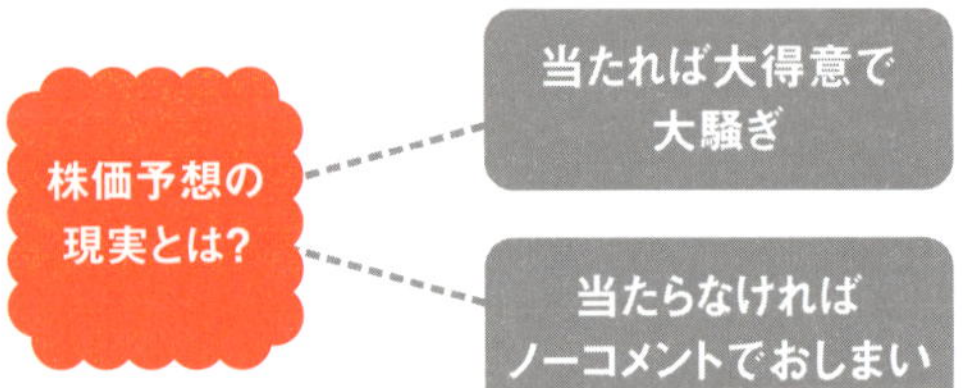
株価予想の現実とは？
当たれば大得意で大騒ぎ
当たらなければノーコメントでおしまい

推奨銘柄は無難な大企業ばかり

さらにいうなら、それらの記事の銘柄選択基準はどのような仕組みになっていると思いますか？

マネー雑誌が推奨する株銘柄は当てにならない

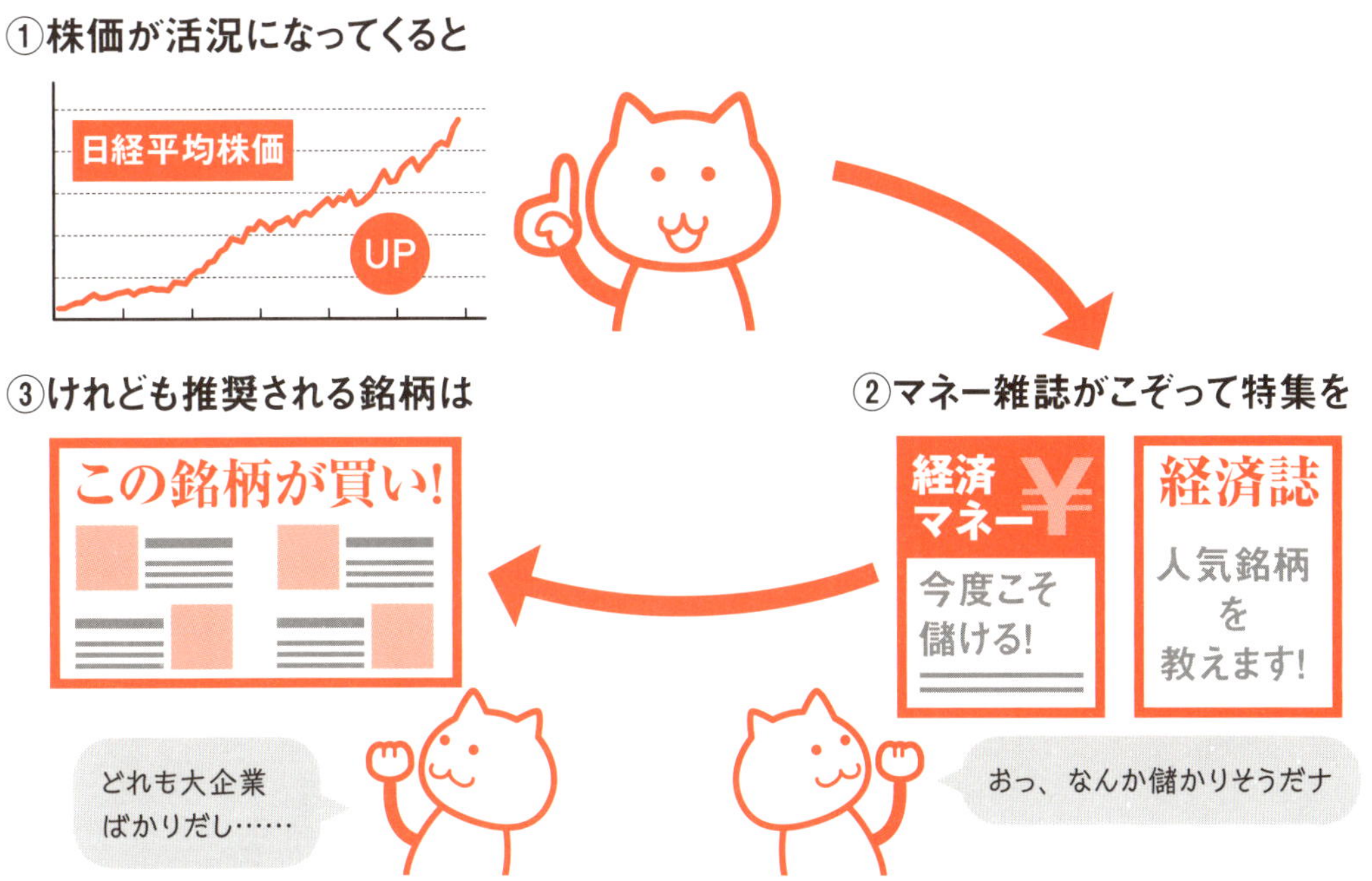

記事の内容は予想株価を保証するものではありません。が、推奨銘柄の企業が事件を起こしたり、はたまた倒産したりすれば、信用問題に関わります。

となれば、推奨される銘柄は、必然的に社会的信用度の高い大企業が中心となります。

これにはもうひとつ理由があります。安定した大企業ほど、短期間での株価の急激な変動がないからです。数年におよぶ長期保有投資銘柄として推奨すれば、雑誌社にも読者にもリスクが少ない無難な記事情報になります。

同様に、いわゆる金融のプロの予想もまた判断材料にすべきではありません。仮に外れても、誰も責任を取ってくれるわけでもなく、また実際に的中率が具体的に提示されるわけでもありません。

そんな情報に惑わされて大切な資産を預けても、リスクが高いだけで、リターンは望めません。

POINT

特集記事は雑誌の売上を伸ばすため

株価の動きを予想することは、プロのアナリストであっても困難。となれば当然、週刊誌や月刊誌に掲載される特集記事の株価予測を頼りにすべきではありません。売上を伸ばすための特集記事を鵜呑みにし、大切な資産を預けるのは、リスクが高い＝危険を伴うということをよく覚えておきましょう。

06

リスクを知れば少しも怖くない！

短期間での運用は高いリスクを伴うことを忘れてはいけない

一瞬で財産を失う危険を孕んでいる

本書では大原則として、リスクの高い資産運用は絶対にお勧めしません。堅実に資産を形成して、豊かな未来を築くことが投資の本質であるのに対し、ハイリスク・ハイリターンの投資は、一瞬にしてそれまで増やした財を消滅させてしまう高い危険が伴います。

短期間の投資で一攫千金を狙う手法は、もっともハイリスクなパターンのひとつといえます。

類いまれなセンスと知識を持つ、一部の限られた人しか成功しないリスキーな投資であるということをよく理解してください。

相場は突然にして大暴落を引き起こす

長期にわたる資産運用なら、比較的ローリスクで財産が増やせます。しかし数年から数十年におよぶ時間を費やす必要があります。

一方、短期間での投資の場合、リスク覚悟で上昇する相場に張れば、あっという間に財産を増やせます。しかし、相場が調整を迎えた場合、いままで稼いだお金のほとんどを失うことでしょう。

上がり続ける相場はありません。いつか必ず下落します。それがあらゆる相場の基本原則です。

よって一時的には投資に成功したと喜んでいても、日に日に変動する相場に揉まれるうち、長期的な資産形成が困難になります。

しかも、ブラックマンデーやリーマンショックのように、相場はあるとき突然にして風向きを変え、大暴落を引き起こすという危うい特性を兼ね備えています。

長期投資であれば、利益が薄いぶん、損失を一定の範囲にとどめ

これが短期投資でよくあるパターン

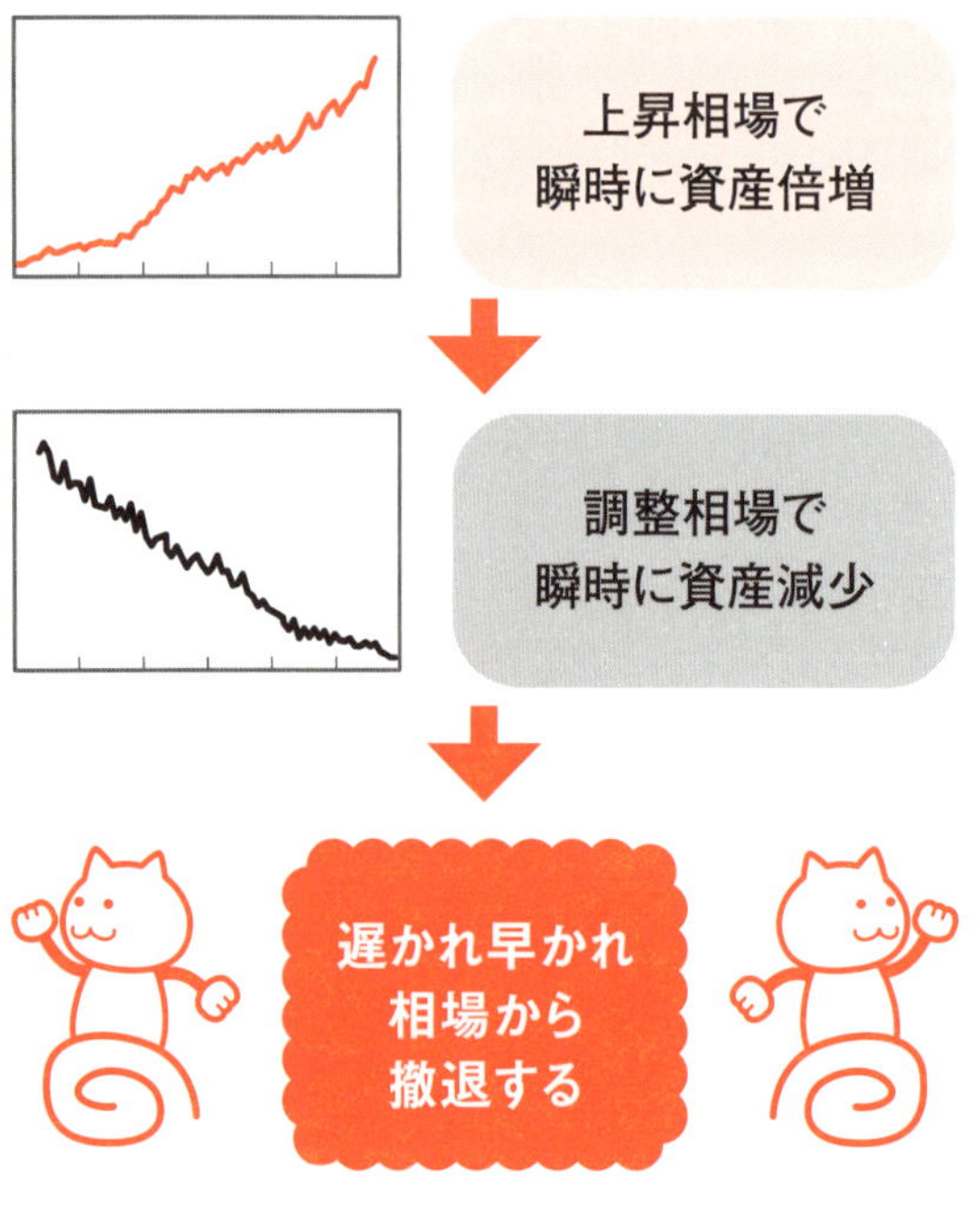
上昇相場で
瞬時に資産倍増
調整相場で
瞬時に資産減少
遅かれ早かれ
相場から
撤退する

て難を逃れることが可能です。

　リスクヘッジを念頭に置き、つねにダメージを最小限にすべく、あらゆる相場の危険性を排除しているからです。

　長い時間をかけてコツコツと資産を積み上げることこそが、安全で賢い運用方法といえます。

資産を守るための投資姿勢とは

　資産運用には、それがどのような金融商品なり相場なりであっても、とにかく慎重かつ入念な配慮で取り組まなければなりません。

　なにも考えず、なんとなく資産運用を行っていると、気がつかないうちに損をするようにできています。それくらいシビアな側面を備えています。

　それが「投資」というものです。

　投資を甘く見ると、せっかく築いた資産が奪われるように消えてしまいます。そうやってマーケットを退場してしまった人を星の数ほど見てきました。そうならないためには、とにかく基礎知識から勉強することです。

　金融のプロフェッショナルであっても、詐欺事件や危うい投資にはまってしまう厳しい世界であることを忘れてはなりません。

　それゆえ本書では、リスクの高い資産運用はお勧めせず、リスクが少ない長期投資によって、つねにお金を味方にしていくという堅実かつ安全で、しかもお手軽な手法を説いていきます。

これが相場の3大原則です!

1. 上がり続ける相場はない
2. 短期投資はいずれ失敗する
3. 相場はいつか必ず大暴落する

いきなり
DOWN
大損害だ
あわわ

POINT

シビアな世界だという心構えで

短期間の投資で一攫千金を狙う手法は、もっともハイリスクなパターンのひとつ。相場が調整を迎えた局面で、いままで稼いだお金のほとんどを失うことも。なにも考えず、なんとなく資産運用を行っていると、気がつかないうち、損をするようにできています。投資を甘く見ると、築いた資産が奪われるように消えてしまうのです。

甘く見ていたら
大変な目にあうよ

07

リスクを知れば少しも怖くない！

賃貸不動産経営は全然儲からない

見るとやるでは違う賃貸物件オーナー

資産運用は金融商品への投資だけに限られません。

ここ数年の間でよく耳にするようになった不動産投資。ただ、ここでいう不動産投資とは、不動産投資信託のＲＥＩＴ（リート）ではなく、賃貸アパートなど集合住宅の物件オーナーになること。

主に定年退職した方々が、第二の人生的に目指すケースが多いといわれています。

一見すると、自分のための日々の仕事もあるうえ、毎月の家賃収入が安定して振り込まれる、魅力的なビジネス投資に思えます。

ところが他人に住居を貸してお金を稼ぐというのは、それほど容易ではないのです。しかも不動産のプロフェッショナルいわく、

「経験値の低い人が賃貸不動産経営をはじめて成功する確率は１〜10％ほど」だそうです。

予想外のリスクや手間、悩みが次々と発生します。

不安要素ばかりの賃貸経営の現状

まず大前提の問題として、どれほど立派なアパートを建てても、入居者が現れなければ経営が成り立ちません。空室は、たとえひと部屋空いただけで、１ヶ月数万円の収入減につながります。

昨今、日本の賃貸住宅は供給過多傾向。空室率は年々アップしているというのが現状です。入居者が集まらなければ、精神的プレッシャーに追い込まれます。

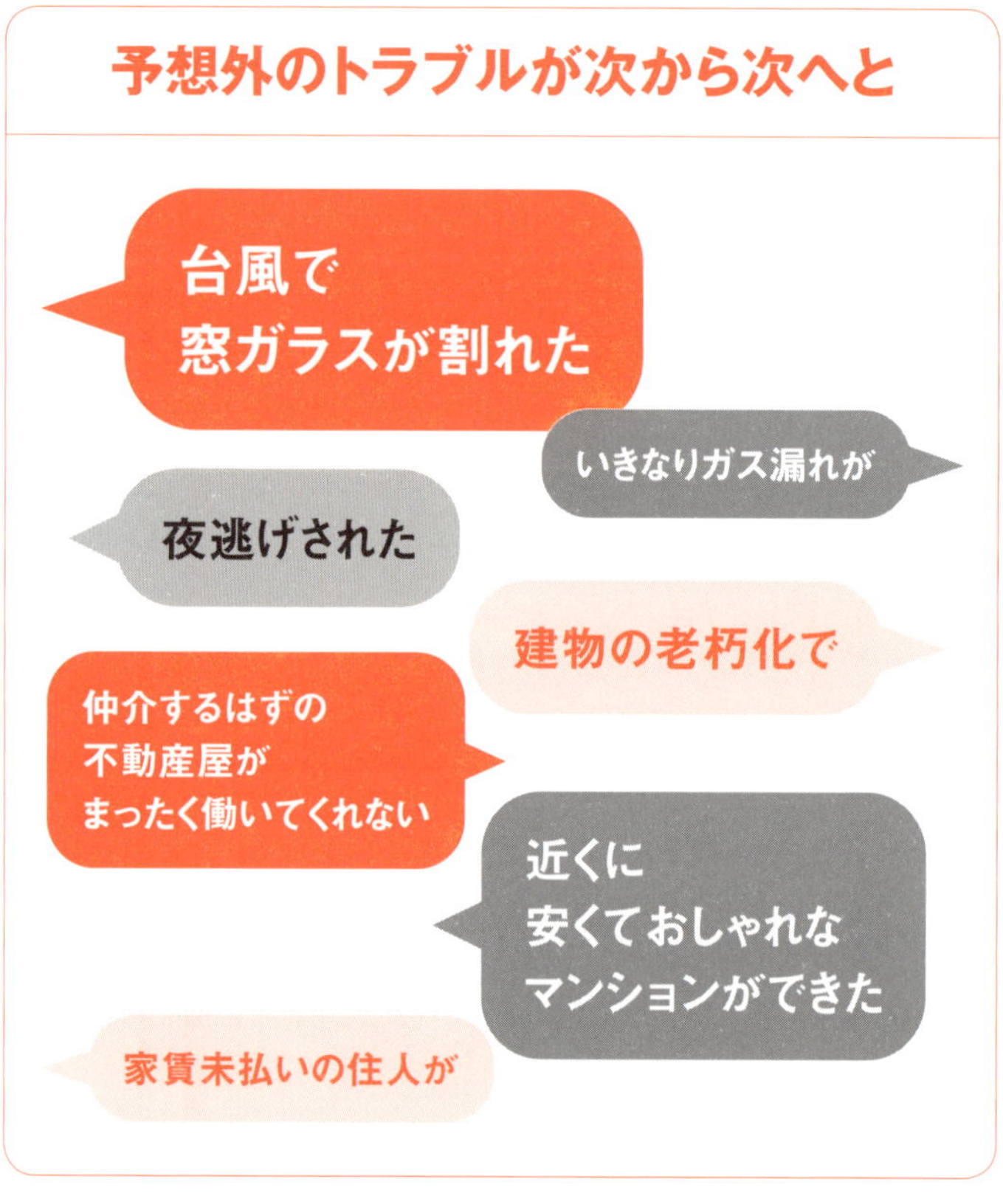
予想外のトラブルが次から次へと
台風で窓ガラスが割れた
いきなりガス漏れが
夜逃げされた
建物の老朽化で
仲介するはずの不動産屋がまったく働いてくれない
近くに安くておしゃれなマンションができた
家賃未払いの住人が

また最初は満室でも、近隣に新築で設備や間取り、家賃など条件の優れたマンションが建つと、とたんに退去者が増加します。

しかも建物が古くなるにつれ、劣化に伴って資産価値が目減りします。おのずと家賃収益も減少の一途をたどります。

問題は所有物件自体や、近隣の競合物件だけにとどまりません。家賃未払いの入居者とのトラブル、保証人なしで連携した保証会社の倒産、仲介にあたる不動産屋の業務怠慢などなど、予想だにしなかった諸問題が発生します。

もちろん日々のこまめなメンテナンスや清掃も欠かせません。

賃貸物件のオーナーになれば、家賃収入があるおかげで自由気ままに生きられる。そんなふうに思っていたら大間違いです。トラブルだらけの世界なんです。

利回り5～6%で割に合わない投資

そのようなトラブルに対処するため、多くの大手ハウスメーカーが完全家賃保証型と銘打った賃貸不動産投資物件を売り出しています。建てた後は、ハウスメーカーが一括して物件を借り上げ、しかも管理から運営まで一手に引き受けてくれるというものです。

ありがたい話に聞こえますが、家賃が相場より10～15%減の設定となり、しかも築年数が経過するにつれ、設定家賃は下がります。空室分の家賃は保証されても、全体の家賃額が相場並みに保証されるわけではありません。儲かるのはハウスメーカーだけです。

賃貸不動産経営の実質利回りは5～6%と、非常に不安定で不安要素が多い投資となります。

これが賃貸不動産経営の現実だ!

ハウスメーカーが
完全家賃保証するし
よし！ 定年だし退職金で
アパート経営だ！
ところが……
やんなきゃよかった
まるで儲からない……
儲かるのはハウスメーカー
だけだし……

POINT

想定外のトラブル大発生で……

不動産のプロフェッショナルいわく「経験値の低い人が賃貸不動産経営をはじめて成功する確率はわずか1～10%ほどですね」。家賃未払いの入居者とのトラブル、保証人なしで連携した保証会社の倒産、仲介にあたる不動産屋の業務怠慢などなど、予想だにしなかった諸問題が発生し、実質利回りは5～6%と、非常に不安定です。

簡単に素人ができる
ものじゃないんだね

08

リスクを知れば少しも怖くない！

極めてリスキーなのが「外貨預金」

預金ではない特殊な金融商品

先にFXについて触れました。

為替差益が影響するものとして、ほかに外貨預金があります。

いまや大手銀行も積極的に勧めているメジャーな金融商品です。

一般的に外貨預金とは、米ドル、豪ドル、NZドル、英ポンド、スイスフラン、ユーロなど、諸外国の通貨で預金を行うものです。

「全資産を円で保有するのはリスクが高いので、分散すべき」

「豪ドルの外貨預金なら金利が優遇されて資産形成に役立つ」

といった、気になる言葉を耳にし、一度は興味を持った方も多いのではないでしょうか？

しかも「預金」という名称であるため、第一印象から安心して、親近感を抱くようです。

ところが、結論から申します。

一見安心感とお得感を覚える外貨預金には落とし穴があります。

超低金利の円建て預金よりリスキーな金融商品なのです。

リスクだらけの数々のデメリット

まず手数料に着目します。

大手銀行の場合、この手数料が高額です。米ドルだと1ドルに対して通常0・5円から1円取られてしまいます。つまり仮に1ドル100円として銀行に1万ドル外貨預金すると、それだけで1万円もの手数料が発生して、預けた時点で元本を割ってしまいます。

さらに為替相場は株式相場と同様、専門家でも正確な動きを予測することはできません。経済指標の発表・政治的な要因、そして地政学的リスクなどにより為替相場は数日で激変します。

じつはたくさんある外貨投資スキーム

【外貨投資とは?】

日本円を外貨に両替して
外貨建て金融商品を運用すること

- 外貨預金
- 外貨建てMMF
- 外国債券
- 為替eワラント
- FX
- 外国投資信託
- 外国株式

などなど

為替差益が出る可能性がある一方で、為替差損が出るリスクも見逃せません。戦争やテロといった有事《ゆうじ》となれば、大損することも十分に考えられます。

しかし金利面では年1％を超えるケースもあると主張されるかもしれませんが、冷静に手数料を差し引いてみると、預けるだけで損をする確率のほうが高いのです。

外貨預金の実質は単なる為替取引

つまるところ、外貨預金という名前がついているため、安全なイメージが定着していますが、実質は円で外貨を購入する為替取引です。預金でもなければ、着実な投資行為ですらありません。

そもそも為替市場は世界最大のカジノと呼ばれるほど投機的要素が強く、株式投資のように企業や経済の成長に参加する仕組みとも異なります。

もし同じ為替リスクを取っても資産を外貨で運用したいのなら、証券会社が扱う外貨建てMMFをお勧めします。1万円の少額からはじめられるうえ、投資先は優良企業の社債や国債です。原則として自由解約ができ、複利効果が見込める点も魅力。外貨預金と比較しても、為替手数料と利回りが優遇されています。預金というネーミングに決して惑わされず、実を取る資産運用を心がけ、しっかりと内容を把握することが重要となります。

惑わされやすい外貨預金についての声

資金は円だけじゃなくて米ドルと分散したほうがいいヨ
外貨預金なら金利がいいから絶対におトクですヨ
スイスフラン
米ドル
ユーロ
英ポンド
豪ドル
NZドル
うーん
やるべきか
やめるべきか……
でも預金だから
安全そうだし

POINT

安易な手出しは損を招くだけ

「預金」という名称であるため、安心と、親近感を抱く「外貨預金」。ほとんどの場合、預けた時点で元本を割ってしまいます。そもそも為替市場は世界最大のカジノと呼ばれるほど投機的要素が強いもの。同じ為替リスクを取っても資産を外貨で運用したいのなら、証券会社が扱う外貨建てMMFのほうがお勧め。

イメージだけでの判断はNGってこと

09

リスクを知れば少しも怖くない！

初心者でもはじめやすい低リスク金融商品を覚えておこう

代表格なら投資信託 インデックスファンド

投資による運用を検討する際、それぞれの金融商品に伴うリスクを正確に知ることが大切です。

いまさらですが、ここでいう金融商品に伴うリスクの大きさは、その商品の値動き幅と期間の関係によって決まります。つまり短時間で値動き幅が激しいほど、損失リスクが大きくなる反面、リターンも大きく膨れ上がります。

このタイプの特性を備えた金融商品は、いうまでもなく初心者には推奨しません。

それでは初心者が選択すべき金融商品とはなんでしょうか？

筆頭に挙げられるのは投資信託のなかでも人気の高い「インデックスファンド」。日経平均株価やTOPIXといった株価指数と連動した値動きを目指すファンドです。投資先選びが楽なうえ、購入手数料が無料の商品や、運用管理費が低く設定されている商品が多くあるといった理由から、積立投資の条件に適しています。

ETF、国債 バランスファンドもお勧め商品

インデックスファンドのデメリットにあえて触れるなら、あくまで市場平均値を目指す商品であること。ローリスクであるぶん、利回りもそれなりです。

よって、次に選ぶべき金融商品としては「ETF」がお勧め。

いわばインデックス型投資信託を株のように個人売買できるタイプ。いいとこ取りの金融商品として、利回りが高めのうえ、値動きもわかりやすく、安定しているというメリットも兼ね備えます。

「個人向け国債」もまた安全かつ銀行の普通預金より金利が高めでお勧めです。

日本政府が発行する債券で、リスク面からいえば、これほど安定した商品はほかにありません。

また、日本の株式や債券、外国（先進国から新興国まで）の株式や債券などがバランスよくパッケージされている「バランス型投資信託」（バランスファンド）があります。これを買うだけで複数の対象に分散投資ができる便利な商品です。

これから投資をはじめようとする初心者の方であれば、このような安全性の高い金融商品から選ぶのがいいでしょう。

自分の投資スタイルを見極めよう!

- A タイプ：「安全重視で金利が低くても長期投資で」
- B タイプ：「バランス良く投資信託をメインに分散して」
- C タイプ：「国内株式を勉強してあくまで利益優先で」

期間、資産額面、年齢、収入、目標で変わります

投資初心者にお勧めの低リスク金融商品BEST4

1 インデックスファンド
株価指数と連動するファンドとして高い人気

2 ETF（上場投資信託）
インデックス型投資信託を株のように個人売買できるタイプ

3 個人向け国債
日本政府が発行する債券で金利が高め

4 バランスファンド
さまざまな資産に投資しリスク分散の効果をもつ投資信託

あなたのスタイルで分散して慎重に

投資商品を選ぶときの重要なポイントとして、リスクや金利面のほか、投資家自身の性格もあることを知っておきましょう。

自分が重きを置きたい資産運用のポイントが、結局のところ大切になってきます。

「安全を重視して気長に投資を」「バランス良く分散投資で」「あくまで利益を最優先に」というように、自らが投資を考えた目的を冷静に分析しつつ、運用スタイルを吟味すべきです。

また初心者が投資をはじめる際、金融商品はいくつか分散して購入することが鉄則。しかも一度の投資で扱う金額は30万円以内を心がけ、いきなり大勝負に出るような投資は避けましょう。

POINT

もっともお勧めなのは安定した投資信託

初心者が選択すべき金融商品の筆頭に挙げられるのが、投資信託のなかでも人気の高い「インデックスファンド」。マーケットの平均を目指して連動するファンドです。投資先選びが楽なうえ、購入手数料が無料の商品や、運用管理費が低く設定されている商品が多くあるといった理由から、初心者の積立投資に適しています。

いい商品もいっぱいあるんだってさ

10

リスクを知れば少しも怖くない！

非常時でも通用する“3つの備え”とは？

いつ恐慌が起きるかわからない

有事とは、他国との戦争や武力衝突、大規模テロ、そして大震災など自然災害といった、国家にとっての非常時を指します。

物理的な被害や損害にくわえ、起こりうる事態として、経済恐慌や金融危機、通信インフラとライフラインの停止、さらには国家が機能しない特殊な混乱まで引き起こされるかもしれません。

いつどんな災害が起きるか、誰にもわからないのです。

実際、２０１１年の東日本大震災に見舞われ、日本国民の誰もが震撼したはずです。

「どこで同じような大震災が起きてもおかしくない」と。

ではいったい、このような特殊な非常時に通用して機能する資産とはどのようなものでしょうか。

あなたは考えてみたことがありますか？

有事の際に想定される事態とは？

- 公共交通機関がマヒする
- 水道、電気、ガスなどライフラインが停止
- 電話やインターネットが不通
- 食糧や衣類など物流が希少に
- 政府や銀行といった機能が停止

あなたと家族を守る3つの常備資産とは

想像を絶する異常事態に陥ってしまえば、交通機関はもちろんのこと、政府や銀行まで機能しなくなるかもしれません。復旧を待ち望んでも、早急に回復する保証などないでしょう。

着替えや非常食など、日頃から備えておきたい物は多々ありますが、どんなときでも先立つものはお金です。

そういった非常時に備えて私が手元に常備している資産は次の３つです。

・３ヶ月間家族が生活していけるだけのお金（円貨）
・半年間家族が生活していけるだけの外貨（米ドル）
・金地金（いわゆる金の延べ棒）１キログラム

円建て現金は、食糧や水、生活用品など、家族が生きていくためにすぐ必要となる資源を確保するためのものです。

一方、米ドル建て現金や金地金は、何のために準備しておくと思いますか？

平時であれば利用価値の低いものです。が、危機管理の観点からの資産としては、万が一の事態を想定した場合、あなたと家族を守る強力な資産となります。

非常時用に手元に置きたい3つの資産

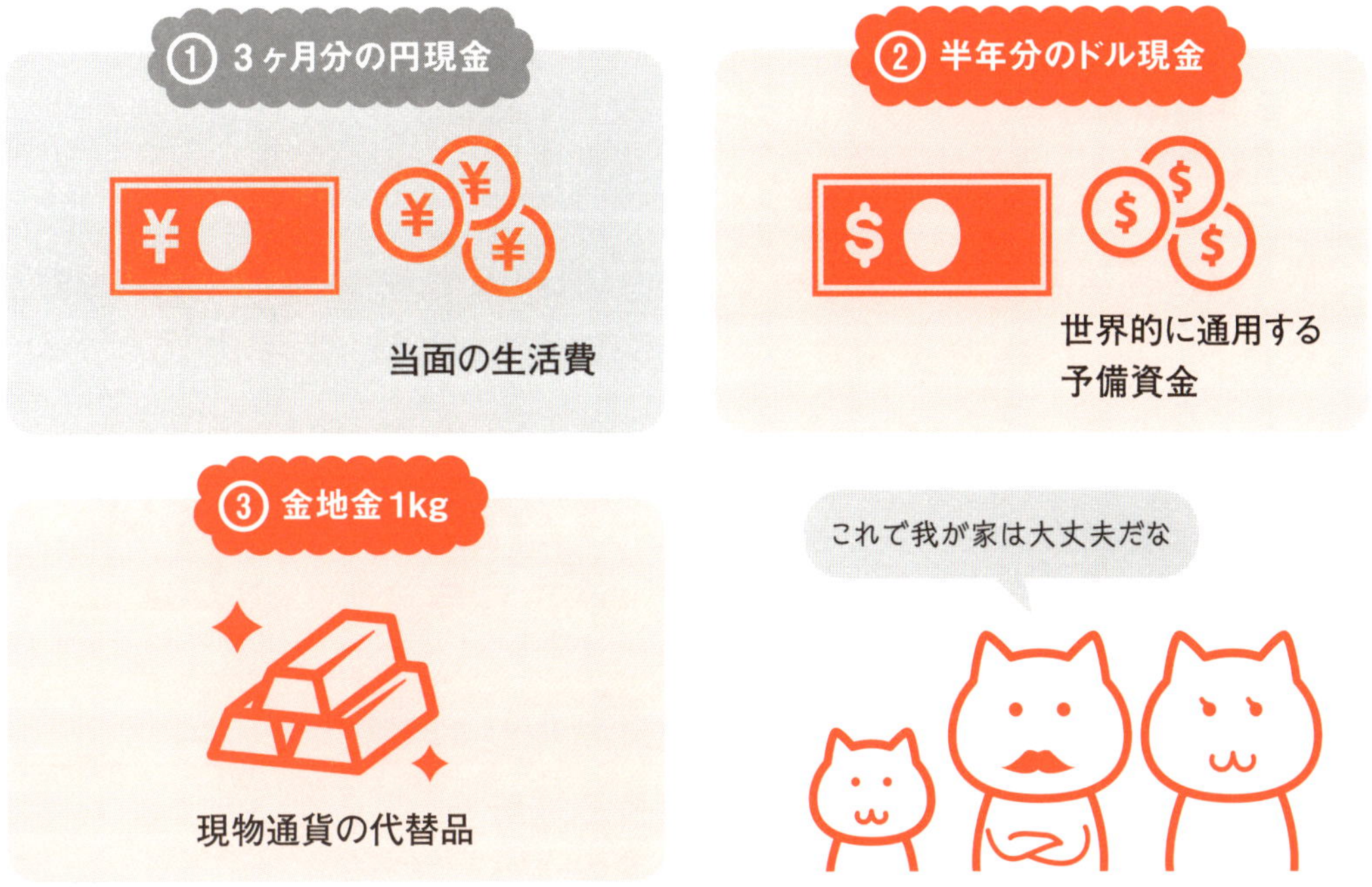
① 3ヶ月分の円現金
当面の生活費
② 半年分のドル現金
世界的に通用する
予備資金
③ 金地金1kg
現物通貨の代替品
これで我が家は大丈夫だな

特殊な事態には観点を変えた発想を

例えば日本経済が破綻したら、円は紙屑同然になってしまいます。現金を円だけで保有するのは、じつにリスキーであり、心もとないことなのです。

ですが、米ドルが手元にあれば、ひとまず世界中で通用する通貨として役立つ可能性が大いにあります。金地金も現物であるがゆえ、換金や物資との交換が可能になります。これはすべて万が一の非常事態下での想定ですが、発想を変えるなら、平常時での投資や資産運用も同じことがいえます。

円だけでなく、世界的に通用する米ドルやユーロなどの外貨を投資に組み込み、かつ通貨以外の現物商品を保有することで、より安全性が高まるといえます。

POINT

円とドルと金が非常事態への備え

経済パニックや金融危機、通信インフラとライフラインの断絶、さらには国家が機能しなくなるような特殊な混乱。災害や戦争がもたらす非常時に備えて準備すべき資産とは、3ヶ月家族が生活していける円建て現金、半年間家族が生活していける米ドル建て現金、金地金（いわゆる金の延べ棒）1キログラムです。覚えておきましょう。

ふーん、とにかく
現金が大切だね

投資デビューをするためのイロハ ①

POINT ①

**投資をはじめる前に
覚えておきたい3つのリスク**

- 価格変動リスク
- 金利変動リスク
- 為替変動リスク

POINT ②

**金利で選ぶなら
銀行よりも投資信託**

銀行の金利
年0.001%
＜
投資信託の金利
年4〜6%

POINT ③

**金融機関の無料相談で
気をつけることは？**

A お勧め商品を買う

B そもそも行かない ✔

POINT ④

**資産運用でありえないのは
次のうちどっち？**

A ローリスク・ハイリターン ✔

B ローリスク・ローリターン

POINT ⑤

**必ず覚えてもらいたい
相場の３大原則**

- 上がり続ける相場はない
- 短期投資はいずれ失敗する
- 相場はいつか必ず大暴落する

POINT ⑥

**非常時のために横山先生が
手元に備えている３つの資産**

3ヶ月分の円現金	半年分のドル現金	金地金1kg

第2章

資産運用をはじめる前に、「貯める技術」を身につけよう

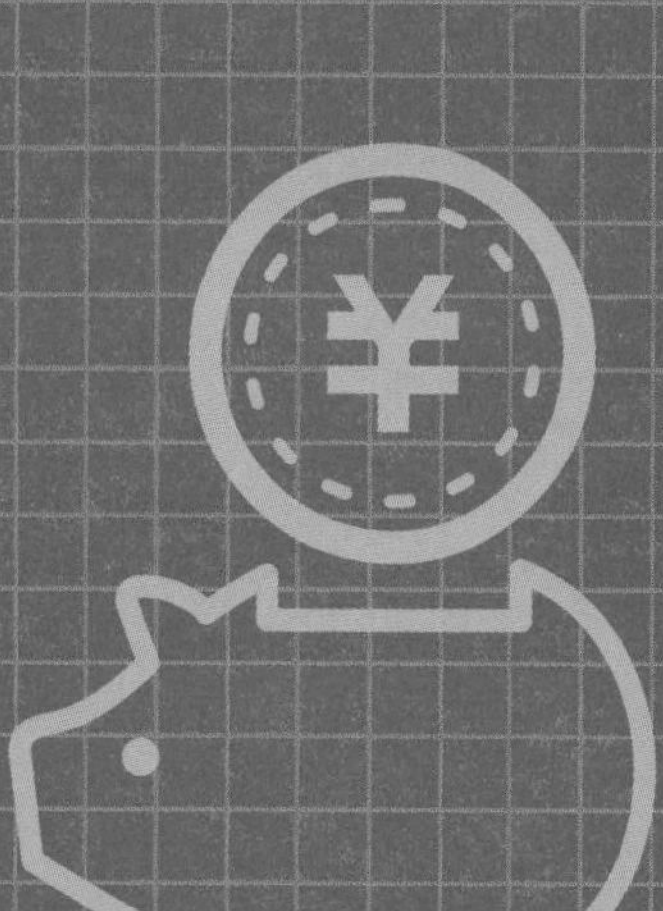

01

覚えておきたい賢い貯金テクニック

貯める具体的な目的を定めてムダな出費を抑えよう

目的意識を明確に思い描く

投資で財産を増やす資産運用をはじめるにあたって、忘れてはならない大切な心構えがあります。

「あなたは何のためにお金を貯めるのですか？」

この問いかけに真っ正面から答えられるくらい、明確な目標やゴールを自分のなかではっきりさせることです。

「家族でパリへ旅行に行きたい」

「新車を現金で購入したい」

「家を全面リフォームする」

というように、お金を蓄えて実現したいことを、具体的に頭のなかに思い描きましょう。

「将来が心配だから」「老後に備えてなんとなく」

など、漠然とした不安や根拠のない思いつきから、貯金や投資をはじめていませんか？

それではうまくいきません。

実体のない漠然とした不安を打ち消すために取り組んでも、お金は貯まらないでしょう。

貯金は出費を抑える行動習慣で

例えば、お金を貯めはじめた2人がいるとします。

Aさんはこれから数ヶ月間で、なるべくたくさん貯金をしようと考えています。

一方のBさんは、3ヶ月後に彼女と旅行へ行くため、9万円を貯めようと心に決めています。

Aさんには特に目標とする金額も時期もありません。使わずに手元に残った1万円を1ヶ月めに貯金します。翌月もまた生活費で余った1万円を貯金しました。3ヶ月めはなにかと支出が多く、1円も貯金しませんでした。結局、決意してから3ヶ月間で貯められたお金は2万円にとどまりました。

Bさんは最初から合計9万円を3ヶ月以内に貯金すると決めていたので、毎月3万円ずつ計画的に貯めて、計画通り旅行に行くことができました。

このように目的がはっきりしていると、モチベーションの向上にもつながります。結果として意識的にゴールへ向かって日々の生活を過ごすことでムダな出費を抑えられます。お金が貯まるような行動習慣が知らず知らずのうち、自然と身についていくのです。

お金を貯めたいのであれば、

どんな目標でも持つことでお金は貯まる

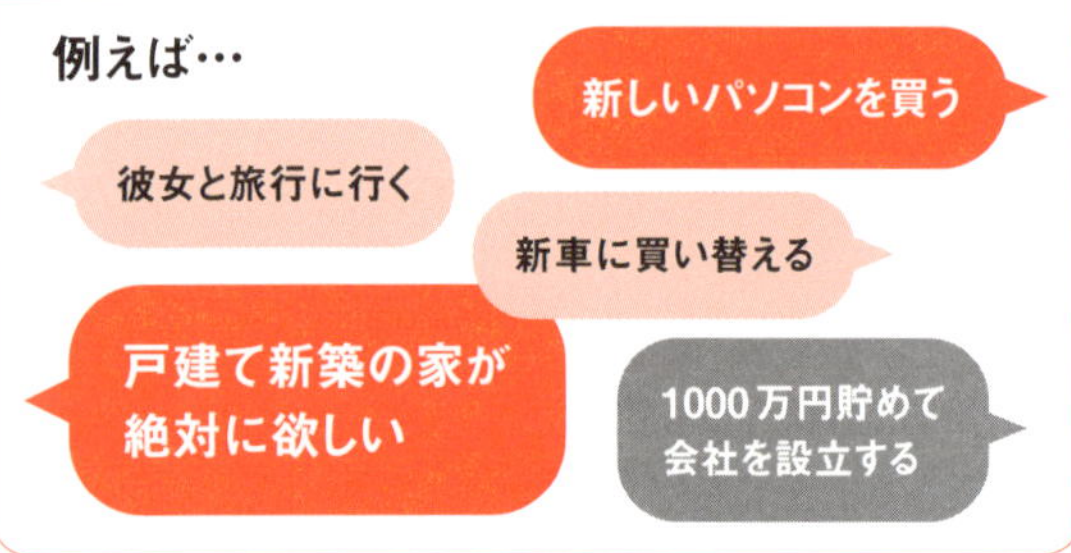
例えば…
新しいパソコンを買う
彼女と旅行に行く
新車に買い替える
戸建て新築の家が絶対に欲しい
1000万円貯めて会社を設立する

貯める理由を具体的にする・しないで差が開く

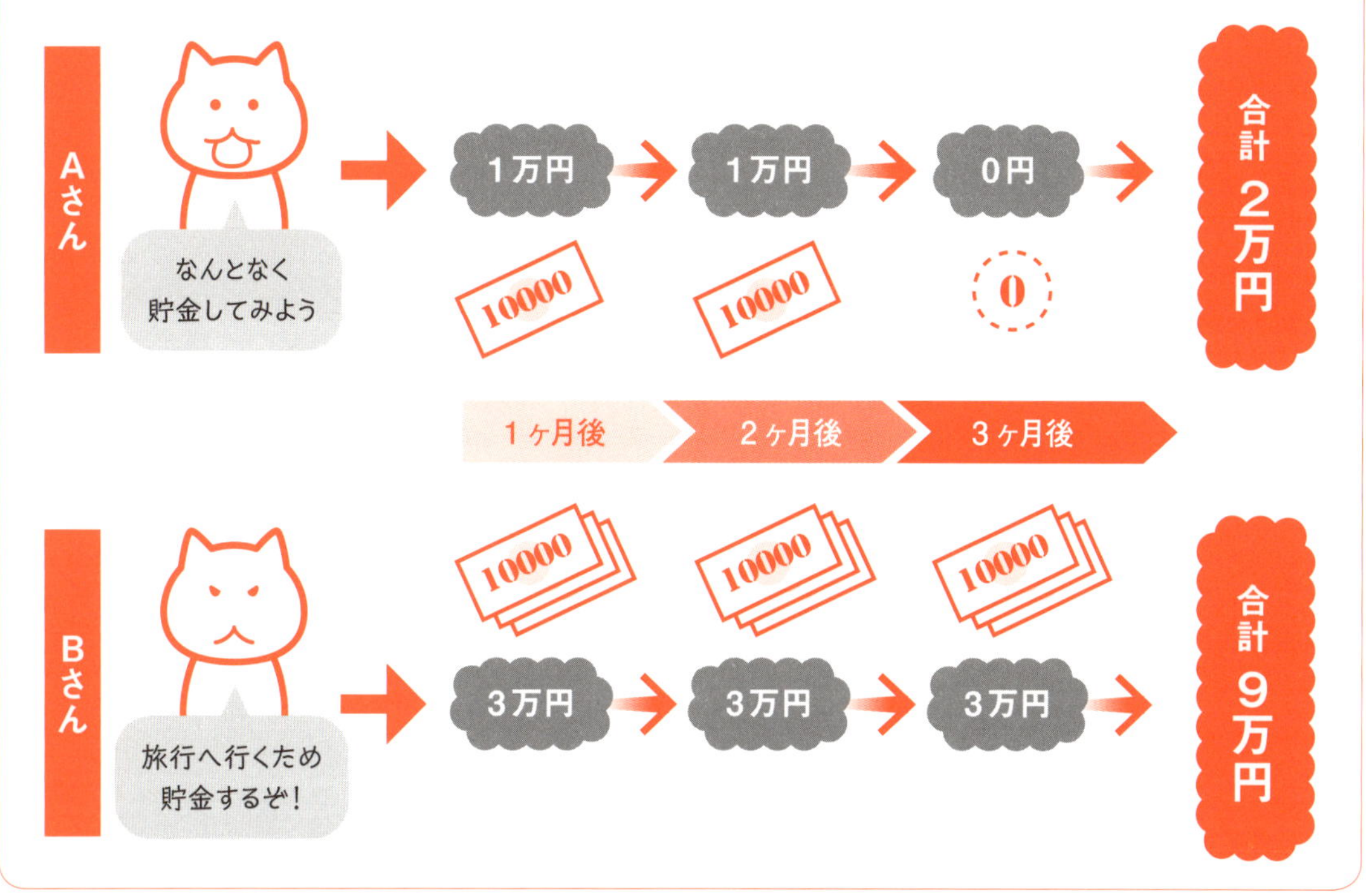

しっかり目標を持ちましょう。

お金離れしにくい体質を作り上げる

お金というのは、あくまで目標や目的を実現するための手段にしかすぎません。

前述のように「将来が心配だから」「老後に備えてなんとなく」といった、漠然とした不安や根拠のない思いつきからはじめても、結局はネガティブな気持ちでお金に向き合うことになり、貯金や投資が楽しく感じられないのです。

目標金額に達した先に待っている楽しみや喜びを日々思い描くことで、浪費が抑えられ、お金離れしにくい体質になります。

自分なりの夢や目標を見つけることで、それを実現させたいという願望が、金銭的にも精神的にも、大きな成果をもたらします。

POINT

お金離れしにくい体質を目指して

「将来が心配だから」「老後に備えてなんとなく」などと、漠然とはじめた貯金や投資は、なかなか成功しないもの。目標金額に達した先に待っている楽しみや喜びを日々思い描くことで、浪費が抑えられ、お金離れしにくい体質になっていきます。自分なりの明確な夢や目標を見つけることができれば大きな成果へとつながります。

02

覚えておきたい賢い貯金テクニック

モノを捨てるほど お金は貯まります

整理整頓が ムダな支出を抑える

「もったいない」という意識は誰もが持っているかと思います。

これはこれで素敵な考え方だし、素晴らしい価値観だと思いますが、モノへの執着が強すぎると、すでに使わなくなったモノや将来使う予定のないモノなどが家の中にどんどん増えてしまいます。そうなると自分の居場所が狭くなり、精神的にも圧迫され、生活の質は確実に下がります。

また、お金を「貯める」ことと、モノを「捨てる」ことは無関係に思えます。

ところが、大いに関係があるのです。身の回りを整理整頓することは、ムダな支出を抑えて、お金を貯められる体質へとあなたを改善する、大切な生活習慣なのです。

試しに家のなかにあるモノをあらためて整理してみましょう。

もう読むことがない本や雑誌。流行遅れの着なくなった洋服。まったく履かない靴。何年も弾いていないギター。埃をかぶったゴルフ道具。いつかは使うかもしれない、役に立つと思いながら、貴重な部屋のスペースをどれだけいらないモノが占拠しているでしょうか。

たしかに買った当初は必要に迫られたモノであったかもしれません。しかし、いまとなっては無用の長物といってもいいでしょう。

これが捨てるべき基準の5ポイント

1. 1年間まったく触らなかった
2. 存在すら忘れていた
3. 明らかに故障していると思われる
4. どう見ても時代遅れに映る
5. いまの自分にはもう似合わないと感じる

捨てることで反省する気持ちが大事

スペースはお金に置き換えられます。本棚もタンスも、買わなければ手に入りません。広い部屋へ引っ越すには、敷金や礼金、前家賃に不動産屋への仲介手数料、さらに引っ越し費用もかかります。

つまり生活に不要なモノで溢れかえっている家は、それだけで経済効率が悪い空間になってしまっているのです。思い出だけを理由に取ってある品、まだ壊れていないが全然使っていない家電、いつか着るはずの服など、これらはすべて捨てるべきモノです。

けれども破棄してしまう前に、一度じっくりとそれらの山を見返してみてください。

はたと気づくはずです。

家の限られた空間に、どれほど不要品を抱え込んでいたかということに。そして反省しましょう。自分の浪費に対して。いつまでも

例えばあなたが捨てるべきムダなモノ

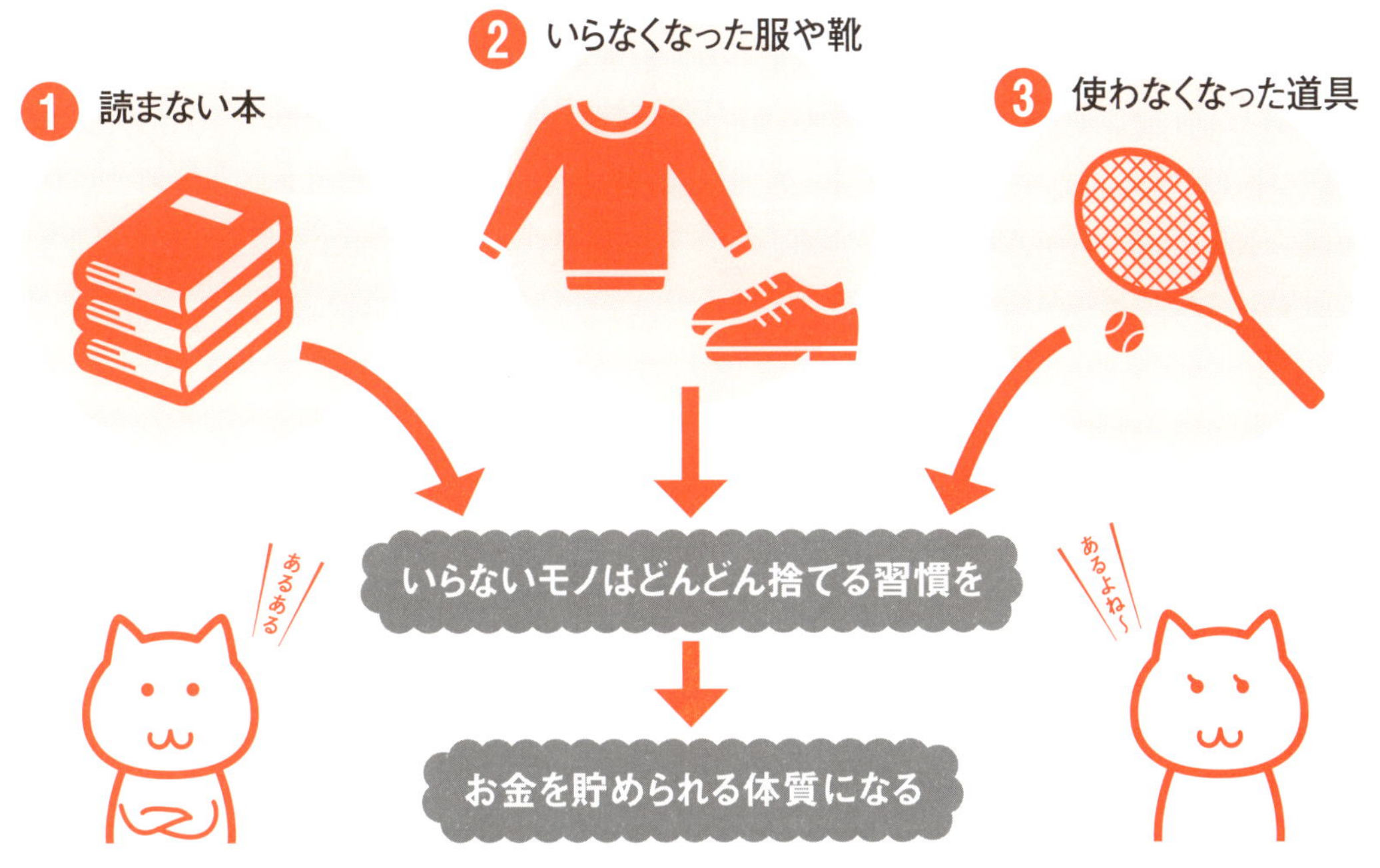

1 読まない本
2 いらなくなった服や靴
3 使わなくなった道具
あるある
あるよね～
いらないモノはどんどん捨てる習慣を
お金を貯められる体質になる

捨てられずにため込んでいたルーズさに対して。

この振り返りが大事なのです。いらないモノを捨て、過去を顧みることで、これからの自分を貯金体質に変えていきます。

毎日の暮らしを好循環にする作用も

さらに家から不要なモノを整理すると、部屋をきれいにすることが習慣になります。掃除にかかる時間も手間もかからなくなるからです。必然的に毎日の暮らしが好循環していきます。

モノを捨てるという行為は、とてもシンプルでありながら、じつは日々の生活自体を好転させ、お金の使い方について改善させる働きまで生み出すのです。

本書をきっかけにいまから整理整頓をはじめてみませんか？

POINT

あなたの生活自体を好転させる

スペースはお金に置き換えられます。つまり生活に不要なモノで溢れかえっている家は、それだけで経済効率が悪い空間だということ。いらないモノをどんどん捨て、過去を顧みて反省することで、未来の自分を貯金体質に変えていきます。モノを捨てるという行為は、日々の生活自体を好転させ、お金の使い方を改善させせます。

捨てたらなんだかスッキリするよね

03

覚えておきたい賢い貯金テクニック

「もったいない」は貯金の天敵でしかない

捨てる力がお金を貯める力に

お金を貯められる人というのは、悪い習慣や循環を断ち切って、いい流れを自分に引き寄せられるタイプです。

逆にお金を貯められない人は、社会生活全般において、取捨選択の苦手なタイプが多いようです。

つまり、日々の暮らし方や考え方、人とのコミュニケーションを含めて、「捨てる」という決断力が無意識のうちに欠けています。

もしあなたが「お金を貯めたい」と本当に思うのなら、家や職場で自分の身の回りにある〝いらないモノ〟を捨ててみましょう。

その際、今後の用途や使い道をあれこれ考えません。ただシンプルに、この半年から一年以内に触れなかったもの、使わなかったモノを捨ててください。新品同様でもかまいません。それだけの期間、触りもしなかったモノは、この先使われることはないからです。

「もったいない」「まだ十分使える」「いつか使うかもしれない」などと考えるようであれば、お金を貯められないタイプからの脱却は難しいかもしれません。

本来やるべきことに集中できないタイプ

「いつ」「どこで」「どんなふうに」使うのか、というイメージが自分でもできないモノは、遅かれ早かれゴミ箱行きの運命にあります。

それでも捨てるのをためらう人は、冒頭の通り、悪い習慣や循環を断ち切れないタイプです。

いい流れを自分の側に引き寄せられない傾向があるといえます。

モノが捨てられないだけでなく、仕事や対人関係においても、きちんとした判断が下せていないはず。それゆえに不必要な雑事ばかりが増え、本来やるべきことに集中できていないのです。

すなわち、お金を貯められない人ということになります。

これは仕事をするうち自然に増えてくる名刺にもいえます。

あなたのデスク上に、交換した名刺が束になっていませんか？それらの多くは顔が思い出せないばかりか、どういう仕事で出会ったのかも記憶が曖昧です。けれども「いつか役に立つ」と思い込んで捨てられずにいる。そのうち本当に必要な名刺が見つからず、あたふたしてしまったという経験が

あなたの捨てられない性格度チェック

- 「もったいない」が口癖である
- タンスや収納がいつもぎっしり詰まっている
- 動かない腕時計がふたつ以上家にある
- 食欲がないくせに必ず３食摂る

4つ当てはまればかなり重症です

いらないモノを反省しながら捨てること!

いつか使うかも
まとめ買いして期限切れに
「いつ」
「どこで」
「どんなふうに」
使うのか
自分でも
わからない
似たようなモノを
いくつも持っている
A
B
C
もう半年以上も触ってない
反省しながら
スグに
捨てる

あるに違いありません。

「もったいない」より「必要ない」の意識で

なにかにつけ「もったいない」気持ちになって捨てられない人は買い物の際も気をつけること。バーゲンセールで安売り品を見つけると、つい衝動的に買ってしまうタイプが多いからです。

「せっかくだから買っておこう」と、さして必要でもないのに手に取ってしまう。これも悪い習慣です。

重んじるべきは「もったいない」ではなく、「必要ない」と判断することができる精神力。

意識的にモノを捨てて、お金の使い方に慎重になり、自らを貯金体質へと変えていきましょう。

意識の差で貯金ができない人のほうが「もったいない」のです。

POINT

いい流れを自分に引き寄せること

モノが捨てられない人というのは、仕事や対人関係においても、きちんとした判断が下せていないはず。それゆえ本来やるべきことに集中できていません。いい流れを自分の側に引き寄せられない傾向があるため、お金もまた貯められないのです。大切なのは意識的にモノを捨てて、自らを貯金体質へと変えていくことです。

今日から自分を
変えることだね

金利・手数料・年会費などのムダな出費の見直しを!

便利の裏側で現金が目減りする

世の中がどんどん便利になるにつれ、知らず知らずのうちに損をしてしまう場面が増えています。

日常生活で、あなたはそういう感覚を持っていますか？

何気なく当たり前のようにやっていることが、じつは積み上げていくと、少なくない金額を目減りさせていたりします。

例えば金利。

銀行にお金を預けたら金利1％にも満たないのに、ローンやリボルビング払いの金利が高額だという意識をお持ちでしょうか。

例えば50万円のバイクを金利年18％で購入したとすると、利息額だけでなんと9万円になります。

手持ちのお金がない状態で、気安くローンを組むと、ムダな出費がおまけでついてくることをよく理解すべきです。

サービス提供コストは利用者が負担

手数料の類いも見過ごすべきではありません。特に利用頻度の高い、コンビニでのATM手数料には気をつけましょう。ネット系の銀行を中心にして無料のサービスが増えている一方、時間外の利用に1回で216円も手数料がかかってしまう銀行もいまだにあります。週に2度のペースで現金を下ろしていると、あっという間に月額で2000円近くに膨れ上がってしまいます。

そもそもコンビニと金融機関が提携したサービスは、利便性が高い反面、莫大な設備投資がかけられています。

両者のコストは利用者が負担しているという、ビジネス的側面を頭に入れておくべきです。

また軽視しがちなのが、月会費として支払っているお金。スポーツクラブはその最たる例です。

仕事をしている人なら、毎日はもちろん、毎週だって通うのは難しいはず。仮に月会費8000円を銀行引き落としで支払っていながら、月2回しか通っていなければ、1回4000円という高額な使用料になっています。

ただなんとなく継続している、という人は、見直しを忘れずにしましょう。行かないのなら退会もやむなしです。

日常生活に潜むムダな7大出費リスト

- ☑ ローンやカードの金利
- ☑ ATM手数料
- ☑ クラブやサービスの月会費
- ☑ 見直ししない携帯電話の契約内容
- ☑ 使い捨て傘の購入
- ☑ スーパーでなくコンビニでの買い物
- ☑ 図書館を使わずに本を購入

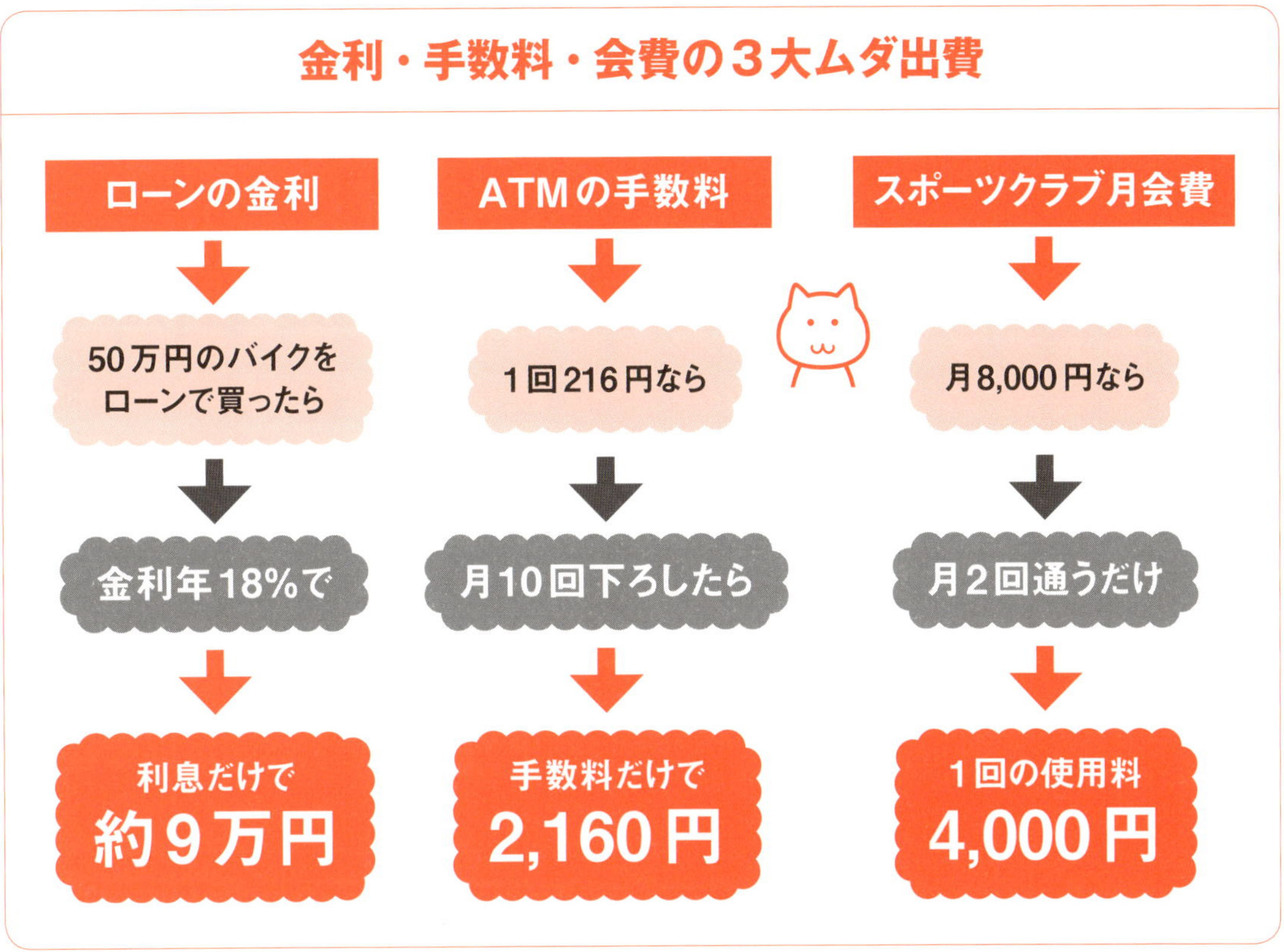

金利・手数料・会費の3大ムダ出費
ローンの金利
50万円のバイクをローンで買ったら
金利年18%で
利息だけで
約9万円
ATMの手数料
1回216円なら
月10回下ろしたら
手数料だけで
2,160円
スポーツクラブ月会費
月8,000円なら
月2回通うだけ
1回の使用料
4,000円

見過ごしがちな支出の見直しを

生命保険の商品には、解約時に契約者へ返戻されるお金を担保にして、満了前に保険会社からお金が借りられる貸付サービスが設けられている場合があります。

これにも注意が必要です。積み立てたお金は契約者自身が支払ったものですが、借りる際には利息が発生します。

繰り返し利用しすぎて、契約満了時の解約返戻金がなくなってしまった人もいるほどです。

ほかにも、携帯電話の契約料金や、定額の各種ウェブサービスといった、月次で発生する支払いは、ついつい見過ごしがちです。

それゆえにお金をドブに捨てるように、ムダなコストとして損失しているケースが多々あります。

POINT

便利＝お金という図式が背後に

ローンやリボルビング払い、コンビニのATM、スポーツクラブ、生命保険、携帯電話など、世の中がどんどん便利になるにつれ、じつは知らず知らずのうちに損をしてしまう場面が増えています。無意識のうちに、お金をドブに捨てるに等しい行為を犯してしまい、損失しているケースが多々あります。ぜひ気をつけたいものです。

ひえ〜、世知辛い世の中だなあ

05

覚えておきたい賢い貯金テクニック

固定費を見つめ直そう

流動費よりも固定費に着目する

真面目に働けど働けど、暮らしが楽にならない、という方も多いことと思います。思いつきの転職や副業で、いきなり収入を増やすことは容易ではありません。

では、どうすべきか？

少しでも貯金を増やし、ゆくゆくは資産運用をはじめたい、と考えている人なら、まず月々の支払いで出ていく固定費と流動費について考えましょう。

固定費とは毎月必ず支払いが発生する費目を指します。

その一方、食費や交際費や医療費といった、月毎に支出額が変動するコストを流動費といいます。

一般的に節約を思い立つと、流動費に目をつけ、外で使うお金をちまちま削りがちですが、じつはあまり効果がありません。

節約生活で浮かせるお金などたかが知れています。

まさに、木を見て森を見ず。

着目すべきは固定費。

見落としがちな固定費を抜本的にそぎ落とすことで、大きく支出を抑えることができるのです。

「消費」「浪費」「投資」支出を三分割する

賃貸物件に住む人なら、固定費のうち家賃が大きな割合を占めるはず。転居にもまとまった支出が発生しますが、家賃の負担が一番きついと感じるなら、一刻も早い引っ越しをすべきです。家賃の軽減がもっとも家計を楽にします。

また自分の支出を「消費」「浪費」「投資」の3つに分けて分析するのも節約術の基本。

「消費」とは生活に必須の支出を指し、食費や光熱費など。

「浪費」とは生活に必要のない支出で嗜好品などが該当します。

「投資」とは将来の自分にとってプラスになる支出をいいます。資産運用はもちろん、語学学習や読書もこの類いです。

支出を3タイプに分けたうえで、バランス比率を決定し、各々の出費を削る目安を考えます。

真っ先に削りたくなるのが「浪費」ですが、過度になくしてしまうとストレスがたまって節約が長続きしなくなるので要注意です。

支出バランスの理想値として消費70％、浪費5％、投資25％くらいを目安にしましょう。

ムダな固定費を見逃していませんか？

- ☑ 料金比較しない保険料
- ☑ 月2〜3回しか乗らない車の維持費
- ☑ テレビ欄しか読まない新聞代金
- ☑ 月10時間も見ない有料TV
- ☑ 定期契約している水や健康食品代金

支出を「消費」「投資」「浪費」に分けて暮らす

「投資」
将来、自分にとって
プラスに働くお金の使い方

お金を使うときに
自分の心で
分類することで
浪費を抑えられる

「消費」
生活していくうえで
欠かせない
住居費や食費など

「浪費」
使わなくても
生活に支障のないもの
タバコ、お酒、ギャンブルなど

将来のために自己抑制も大切

ムダな支出でよくあるのは、携帯電話、外食、保険料、車やバイクなどの車両、新聞、ミネラルウォーター、健康食品、スポーツクラブといったところです。

ほかには、固定費ではありませんが、自分のライフスタイルのなかで当たり前になってしまった習慣にも注意が必要。

惰性で開催される定例の飲み会やゴルフコンペ、付き合いで行ってしまう外食ランチ、回数は少なくとも高額な費用がかかる趣味など、資産運用や貯金を真剣に考えるのなら、自己抑制を心がけ、適度に我慢することも大切です。

我慢の先には幸せが待っている。そんなふうに思えば、誘惑を撥ね除けられるはずです。

POINT

支出の分析でお金の出を抑制

固定費とは毎月必ず支払いが発生する費目。流動費とは食費や交際費や医療費といった、月毎に支出額が変動するコスト。固定費のムダを抜本的に見直すことで、大きく支出を抑えられます。また自分の支出を「投資」「消費」「浪費」の3つに分け、意識的にバランスを整えることも大切。消費70%、浪費5%、投資25%が理想です。

考えて生活すること
これが大事だね

06

覚えておきたい賢い貯金テクニック

支出項目からわかる自分の“お金の性格”

使途に表れる人格の傾向

当たり前ですが、お金自体には人格も性格も感情もありません。

ただ、物資やサービスと引き換える手段にしかすぎません。誰でもその価値は対等で、普遍です。

ところがお金を持って使う人によって、使途の傾向がまるで異なってきます。十人いれば十人が皆、違ったお金の使い方をします。まったく同じという人は存在しません。その理由は、人それぞれ価値観や性格が違うからです。

それゆえ「人の価値観や性格は、そのままお金の使い方に表れる」といいます。

〝お金の人格や性格〟を知ることで今後の資産運用や貯蓄の役に立つよう、自分がどのようなタイプかを把握しましょう。

また、タイプを把握できたら自分のウィークポイントとして捉えて、ぜひ改善してください。

5パターンの支出から分析すると

携帯電話代が高額な人は、はっきりいって貯金が下手。他人への依存心が強く、自分に自信がないタイプも多く見受けられます。

手取り収入の一割近くを占める金額を毎月のように支払っているとしたら要注意。金銭的にも精神的にも、携帯電話への依存度を抑制する必要があります。

クレジットカードの支払いやローンが多い人は、自己コントロールがうまくできないタイプといえるでしょう。浪費に走る欲求をセーブし、赤字となっている現実に目を向けなければ、貯蓄など遠い先のまま終わってしまいます。

生命保険料が多い人は、保障の内容が適切かを考えるべき。それでなくても保険は高額な金融商品。毎月、5000～1万円という金額でも、30年間払い込めばひと財産です。手遅れになる前に、格安の掛け捨てタイプに変更し、支出分の何割かを投資信託に切り替えることをお勧めします。

交際費が多い人は、ひとりでいるのが不安で、えてして主体性に欠ける場合があります。回数や金額を節制して、誘われても断る強い意志を持ちましょう。

嗜好品にお金をかける人は、意志が弱いタイプです。例えば、タバコを一日1箱（単価450円）吸っていれば、10年間で160万

20代男女の平均支出一覧（月額）

携帯電話代	6,400円／月
クレジットカード料金	53,000円／月
交際費	9,800円／月
嗜好品代	7,400円／月
生命保険料	11,000円／月

※総務省統計局調べ（2016年）

５つの支出　どの項目が多いかでわかる性格診断

携帯電話代
他人への依存心が強いタイプ
クレジットカード支払い・ローン
自己コントロール力が弱いタイプ
あなたはどのタイプ?
生命保険料
深く考えずに流されやすいタイプ
交際費
ひとりが不安なタイプ
嗜好品代
意志が弱いタイプ

円以上の金額を煙にしている計算になります。お酒好きな人も同様に、アルコールをお金に置き換えて試算してみてください。貯蓄には意志の強さも必要です。

如実に浮かび上がるその人なりの像

読んでいてドキッとされた方も多かったのではないでしょうか。

このように支出の多い項目を分析することで、その人なりの像が浮かび上がってくるのです。

〝お金の性格〟からわかってくる傾向とタイプ、さらにデメリットを把握することで、今後のお金との付き合い方やお金の扱い方を見直せるはずです。

反省点を見つけたらしっかりと修正して、自己コントロールができる貯蓄型人間を目指す努力をしましょう。

POINT

お金との付き合い　あなたは大丈夫?

当然ですが、お金を使う人によって、使途の傾向がまるで異なってきます。“お金の人格や性格”を知ることで今後の資産運用や貯蓄の役に立つよう、自分がどのようなタイプかを把握することが大切。携帯電話、クレジットカード、生命保険、交際費、嗜好品。この5項目の支出から読み解く性格診断で、お金が貯まる人になれるかも。

ドキッとする話に
僕もびっくりしたよ

07

覚えておきたい賢い貯金テクニック

第三者の友人に貯蓄額の目標を宣言する

他人の目が誘惑への抑止力となる

自分で決めたことは、ひとり寡黙に成し遂げる。

というのは、美学として理想的ですが、人の心はそれほど強くできていません。

個人差があるものの、欲求や欲望を抑制した生活を送り続けるのは過酷なことです。

ダイエットなどまさにそうですが、貯金や節約生活も同様で、しかも長い期間をかけて継続しなければいけませんし、誰もが目標まで突き進んで成功するとは限りません。はじめたうちは良くても、初志を貫徹することが困難になる場合もあるでしょう。

それゆえ、第三者の友人に貯蓄額の目標を宣言する、という方法がときに有益に働いて、あなたを支えてくれます。

実際にこの方法を採用して成功した方を何人も知っています。

他人に周知させることで、自分ひとりでは誘惑に負けてしまいそうになったときも、客観的に指摘してくれる人ができれば、やめておこうと我に返ることのできる抑止力が生まれるのです。

メリットが多い公開による反応

情報発信しやすい現代では、公開方法はじつにさまざま。

もっともシンプルにはじめられるのは、家計簿をつけて家族や友人にそれを見せるというもの。

具体的な支出の金額や、消費・浪費・投資のバランス、貯金額の推移、目標までの数字を公開することによって、客観的な視点でアドバイスをもらえます。

ブログやホームページを開設し、途中経過を公にするというのも今風の手法のひとつ。

第三者から思わぬ指摘を受けたりすることで、刺激になります。

仲間内限定で、ツイッターやフェイスブックといったSNSに、日々の状況をアップロードするというのも良いアイデアです。「いいね」やコメントが多数つけば、大いに励みになるでしょう。

また、ときに叱咤激励してもらうことで、ふたたびモチベーションを取り戻せたり、もっと頑張ろうと奮起できたりすることも。

こうした方法を駆使することによって、途中でなかだるみし、やる気が失せそうになっても、気持

こんな方法で公開してみよう!

- 家計簿をつける習慣にして誰かに見せる
- ツイッターやSNSで日々アップロードしていく
- ファイナンシャルプランナーに見てもらう
- ブログやホームページを開設してレポートする

貯金の目標額を宣言するメリット

こんないいことが……

1. くじけそうになると励ましてもらえる
2. 最後の踏ん張りがきく
3. モチベーションをアップできる
4. ほどよい緊張感が生まれる

目標
100万円！
絶対に貯めるぞー

ガンバレー

ちがリセットされ、緊張感を維持した状態で、貯金や節約生活を継続させることができます。

その反面、公開にはリスクも伴う

目標の公開は、自分自身をあとに引けない場所に追い込むことで、目標まで突き進んでいくための手段ですが、ひとつだけ気をつけたいことも。

場合によってはお金持ちだと思われてしまい、借金を申し込まれるかもしれません。

また、宣言する相手を吟味して選んでも、トラブルが起きる可能性はゼロではありません。

そういうリスクを頭に入れたうえで取り組み、問題を抱えるのが心配であれば、無理に他人にお金の話は公開しないようにしましょう。

POINT

あとに引けない状況に追い込む

貯金や節約生活は実を結ぶまで、長い期間をかけて継続させなければなりません。その道は険しく、ときに過酷なもの。挫折しないための方法として、第三者の友人に貯蓄額の目標を宣言する、という方法があります。家計簿を見せる、ブログで公開する、ツイッターやフェイスブックに進捗をアップするなど方法はさまざまです。

教える人は
ちゃんと選ぼうね

財布を開く回数を減らす努力を!

一日3回以上財布を開く人は要注意

計画性というのは、仕事でも勉強でも非常に重要です。

ゴールを決め、日々のペース配分を無理なくこなすことで、予定通りスムーズに事が運びます。

お金使いも同様です。

日々の計画性が、長い目で見たときに、いかに大切であるかを教えてくれます。

ところであなたは一日に何回、財布を手にして開きますか？

最初に申し上げておきます。

一日に3回以上財布を開いているという人は、少し回数が多すぎる傾向にあります。

例えばこんな具合に。

朝――出勤前にコンビニでクロワッサンとカフェオレを購入（計430円）

昼――同僚と外食ランチ（1000円）

午後――ミーティングの帰りにコーヒーショップでコーヒーを購入（370円）

夕刻――オフィス近くのショッピングセンターで雑誌とお菓子を購入（計990円）

夜――夕食の食材を購入（計850円）

1回の金額は大きくありませんが、合計すると3640円。

こんな調子で毎日数回出費を繰り返せば、ひと月ではかなりの金額に上ってしまうのが、おわかりいただけると思います。

しかも5回の買い物のうち、数回はあえて必要とは感じられない、計画性のない気分的な出費となっています。

こんなタイプの人は要注意!

- ☑ 一日に何度もコンビニに行ってしまう
- ☑ うっかり買い忘れた物がいつもある
- ☑ 根本的にショッピングが好きだ
- ☑ 一日2回以上お金を下ろすことがある
- ☑ 財布にいまいくらあるか把握していない
- ☑ 食べ物までクレジットカードで購入する

場当たり的な支出が浪費を生む

金銭感覚に計画性がある人は、毎朝、今日の予定を考えながら、使う金額を心に決めています。

そしてその日に必要なものだけを、なるべく1回の買い物で済むよう、お店の選択まで計画的に思案しているのです。

一方、財布を開く回数が多い人は、一日の支出額をあらかじめ考えません。場当たり的に気分を優先させて買い物を行います。

結果、買わなくてもいい、余計なものまで購入して浪費を重ねてしまいます。

この手のタイプの人は、銀行口

今日いくら使うかを決めて財布のヒモを締める！

一日に何度も財布を開くと → 1回の金額が少なくても総支出額が大きくなる

毎朝、今日使う額を決めて財布を開く回数を減らすと → 買い物の回数も減り、支出額が小さくなる

POINT

財布を触らない それが貯金への近道

あなたは一日に何回、財布を手にして開きますか？　3回以上財布を開いている人は、少し回数が多すぎる傾向にあります。一日の支出額を考えず、場当たり的に気分を優先させて浪費を重ねがちです。賢いお金の使い方をする人は、計画に忠実に、一日に1～2回ほどしか財布に触りません。「財布を開かない＝美徳」なのです！

立派な財布を持ってても役に立たないね

座からお金を下ろす頻度も高い傾向にあり、毎月の支出に大きなブレが見受けられます。

お金に好かれる財産を築く気質を

財布にお金がなくなったから下ろし、また足りなくなってきたから下ろす。

そんな行き当たりばったりの無計画な出費をしていては、貯金や資産運用など夢のまた夢です。

賢いお金の使い方をする人は、計画に忠実に、一日に1～2回ほどしか財布に触りません。「財布を開かない＝美徳」なのです。

そうやってお金の存在を大切にするタイプは、お金に好かれ、お金に愛され、財産を蓄える気質を知らず知らずのうちに身につけているものです。

09

覚えておきたい賢い貯金テクニック

ボーナスはないものと思って暮らすべき

会社員にとって年に2回の楽しみ

先行きが不透明な時代です。一部上場している大企業ですら、前触れなく破綻したり、突発的な経済ショックで株式相場が大暴落したりすることも珍しくありません。地政学的にもさまざまなリスクが世界的に蔓延しています。

減少傾向にあるものの、国内の完全失業者は、現在190万人近くもいるそうです。

冒頭から暗い話になりましたが、そういう厳しい現実のなかで私たちは生活しています。

けれども辛いことばかりではありません。いいこともあります。

会社員にとって、年に2回の楽しみ。それがボーナスです。

ボーナスはうれしい収入です。夏と冬のボーナスシーズンが訪れると、お金の使い道についての話題が仲間内で広がります。ローンの繰り上げ返済に充てたり、家族で旅行や外食に行ったり、欲しかったインテリアや家電を購入したりと、使途はさまざま。家計が潤う瞬間でもあります。

ボーナス依存はリスクある家計管理

その一方で、ボーナスをもらった途端、それまで累積した赤字の補てんのため、ほぼ全額が消えてしまう家庭もあります。

これは毎月の家計管理が破綻している状態で、収支バランスが崩れている証拠です。

また、ボーナス払いを併用して組んだ住宅や自動車のローンがある家庭では、金額の大半がごっそりと支払いで消えてしまいます。

このようにボーナスに依存した家計というのは感心しません。

むしろ早急に見直しを図るべきでしょう。

なぜなら冒頭に触れたように、これほど先行きが不透明な時代を迎えています。ボーナスがいまは支給されていても、いつなくなるとも限りませんし、必ずもらえるという保証もありません。

万が一、突然支給されなくなってしまうと、その分の家計の圧迫で過度なストレスを被ります。

いま、これほど先行きが不透明です

- 上場している大企業でも倒産することが
- 地政学的リスクが世界的に蔓延中
- 予知できない大震災や天災が起きるかも
- 景気の変動が激しく不安定な状態

発想の転換が家計管理の要

勤務している会社の経営状態に

ボーナスに期待する生活は危険!!

こんな予測不能なリスクが……
ヤレヤレ
会社の経営状態
転職
世の経済動向

『もしも次回のボーナスがゼロになったら?』

万が一の事態に備えて

ボーナス払いのローンは毎月の均等払いに変更を!

よって左右されるボーナスの支給額。「以前より大幅カットされた」「ボーナス自体が消えてしまった」という声も頻繁に耳にします。

すなわち、ボーナスに家計の一端を担わせる、リスクの高い収支管理をやめるべきです。

ローンにボーナス払いを適用しているなら、ただちに毎月の均等払いに変更しましょう。月当たりの支払い額が増加しますが、期待していたボーナスが出ないことによるショックと心理的圧迫よりは気が楽になります。

むしろ満額が支給された場合は、5割以上は貯蓄として残すなど、慎重な使い方を心がけてみましょう。

ボーナスに期待を寄せない暮らしが、いま風で無理のない家計管理なのは間違いありません。

むしろ、ボーナスが出たら「ラッキー」という軽い心持ちで暮らしましょう。

POINT

期待しないことでお金が貯まる法則

ボーナスが出た途端、それまでに累積した赤字の補てんのため、全額が消えてしまう人がいます。これは毎月の家計管理が破綻していて、収支バランスが崩れている証拠です。早急に見直しして、今後はボーナスを収入として期待しないこと。満額支給されたなら、5割以上は貯蓄し、慎重な使い方を。過度な期待は禁物です。

ボーナスは忘れて毎日を生きていこう

10

覚えておきたい賢い貯金テクニック

金融機関の口座管理は“役割分担”がカギ

キーワードは使う・貯める・増やす

お金の使い方には計画性が大切であると前述しました。

とはいえ、ひとり暮らしの人は特に、常日頃から自制して家計管理を徹底するのは難しいでしょう。遊びや飲み会の誘惑もあれば、旅行にも行きたいし、欲しいモノもあれこれ浮かんできます。

「貯金したいけど、給料日前にはもうお金が残ってなくて……どうやってもできないんです」

そんな虚しい言い訳が聞こえてきそうです。

ただ、節制することなく無計画に使ってしまえば、当然ながらお金は手元に残りません。

そんな人にお勧めするのが、銀行口座を有効利用する方法。

「使う」「貯める」「増やす」と、お金の用途に合わせて3つの口座を使い分けることで、役割分担させるのです。

ひとつの銀行口座ではどんぶり勘定になってしまいがちだった家計の収支が一目瞭然になることで、ムダ使いを抑制する効果も期待できます。

配分を設定して浪費を制限しよう

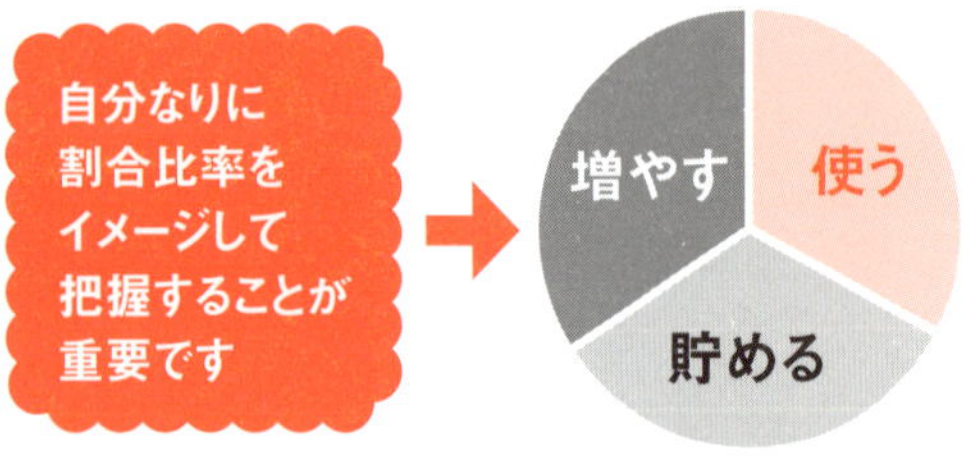
自分なりに割合比率をイメージして把握することが重要です
増やす
使う
貯める

3つの口座で浪費を制限する

まずは「使う」口座。

これは生活費を出し入れする、メインの窓口になります。いつも使っている給与の振込口座でOK。ここに食費や住居費のように日常で使う生活費として、手取り月収の1・5ヶ月分を入れておきます。

続いて「貯める」口座。

「使う」口座から貯金分の金額を移す、いわば貯蓄専用口座です。大事なのは、最初に金額を決めておくこと。余ったお金を貯蓄に回せばいい、という考えではお金は貯まりません。給与の振込と同時に固定額を移し替えましょう。

いわゆる〝先取り貯金〟といわれる貯金の方法です。

会社員なら自動的に天引きで積み立てる「財形貯蓄」がお勧め。これは会社が金融機関と提携して、社員のために給与やボーナスから天引きで貯金できるようにする優遇システム。自営業の人は、銀行の積立預金を利用するのも手です。

そして3つめが「増やす」口座。

計画通り、順調に「貯める」口座の残高が増えた場合、目安とし

銀行の口座は3つ持って管理する

① 使う口座

家賃や光熱費など
生活費を入れる

BANK
役割分担が大切ね

② 貯める口座

「使う」口座から貯金分
の金額を移して貯める

③ 増やす口座

「貯める」口座に手取月収の
6ヶ月分が貯まったら運用する

POINT

お金の使い道により口座を三分割する

「使う」「貯める」「増やす」と、お金の用途に合わせて3つの口座を使い分ける、役割分担テクニック。ひとつの銀行口座ではどんぶり勘定になりがちな家計の収支が一目瞭然で見渡せ、しかもムダ使いを抑制する効果も期待できます。口座を目的別の財布代わりにすることで、使途ごとの残高もひと目で把握できるのが魅力です。

口座が多すぎるのは
逆効果になるからね

ては手取月収の6ヶ月分が貯まった段階でこの口座に移して資産運用をはじめます。

金銭感覚を磨く効果も生まれる

自制してお金を扱おうとしても、つい気が緩みがちになってしまいますが、この方法なら精神的負担も少なく、効率的に配分管理できます。

口座を目的別の財布代わりにすることで、使途ごとの残高もひと目で把握。金銭感覚が敏感になれるというメリットもあります。

銀行によっては、ひとつの口座開設で最大5つまで金額を分けて管理することも可能です。

それならば、目的別にわざわざ口座を作らなくてもいいので、興味のある方は銀行窓口に問い合わせてみてください。

11

覚えておきたい賢い貯金テクニック

節約はできそうなところからはじめよう

些細な目標から細く、長く継続を

スポーツでも勉強でも、いきなりハイレベルな難易度の高いものから取り組んだところで、いい結果は出せません。

日頃の地道な努力の積み重ねが、少しずつスキルとモチベーションをアップさせます。そうして知らず知らずのうち、実力が身についていくものです。

貯金にもまさしく同じことがいえます。些細な目標から、日常の節約を習慣化させること。そして細くても、長く継続させること。

これが大事な基本です。もともと節約や貯金をしていなかった人が、ある日突然に完璧な節約や貯金生活を目指すのは無理があります。挫折して当然でしょう。

よくある失敗例は、自分に過度な義務を課し、綿密に立てた計画通りに進まなくなって「もうだめだ」と諦めてしまうケース。真面目すぎる性格の人に多く見受けられるパターンです。

そしてやる気はあるのに、自信をなくしてしまう。一度悲観的になってしまうと、そこからメンタルを立て直すのは至難の業です。

成功体験が自信へとつながる

節約を成功させるには、少しずつハードルを上げていくこと。

「え、こんな程度でいいの？」と拍子抜けするくらいの目標からトライしてみてください。そうやって節制する生活への耐性を高めるのがベストな方法です。

例えば子どもの頃、誰もが経験した、貯金箱に小銭を貯めるというレベル。一日１００円の貯金でも構いません。むしろ、それくらいストレスのない、気楽なところからスタートしましょう。

習慣がついていくにつれ、徐々にハードルを上げていき、精神的な負荷がかからぬよう配慮することがポイントなのです。

一日１００円の貯金が毎日コツコツと継続できるようになれば、次はお弁当を自分で作って会社へ持参するように……と、地道でも確実に進歩させます。

繰り返すようですが、継続は力なりです。生活のあらゆるシーンでストレスを感じることなく、無意識に節制が実践できるようになってくれればしめたもの。たとえハードルが低くても、目標をひと

自分の節約目標を表にする!

期間	目標	金額
1ヶ月	100円貯金を毎日	3,000円
3ヶ月	自作弁当を持って出勤	45,000円
6ヶ月	外食費の2万円を貯金	120,000円

節約のハードルは少しずつアップしていこう

つひとつクリアしていく成功体験を積み上げることで自信につながり、着実に貯金力が向上します。

節約も貯金も決め手はメンタル

貯金額と貯金力は連動します。着実に預金口座の残高が増えてくると、いっそうのやる気が出て、モチベーションがアップするもの。貯金力が鍛えられてくると、さらに貯金額が上がります。

　このようなプラスのスパイラル状態が続くようになれば、加速度的に貯金は増えていくでしょう。

　節約も貯金も、メンタルの作用によって達成度が大きく変わることを覚えておいてください。

　逆にメンタルが弱まっているときは注意が必要です。いままで貯めたお金を散在してしまう可能性があるので気をつけましょう。

POINT

ハードルを少しずつ上げよう

些細な目標から日常における節約を習慣化させること。そして細くても、長く継続させることが貯金を成功させる基本。そして少しずつハードルを上げていくことです。節約や貯金の成功体験を積み上げることで自信につながり、着実に貯金力が向上します。プラスのスパイラル状態が続くと、加速度的に貯金は増えます。

投資デビューをするためのイロハ ②

POINT ①

貯金の極意は目標を持つこと。
あなたの目標は何ですか？

～わたしの目標～
目標を
立てよう！

POINT ②

モノを捨てるときに
大切なことは？

A 捨てる前に
まだ使えるか確認する

B 反省しながら
スグに捨てる ✔

POINT ③

貯金をするために
重要な３つの仕分け

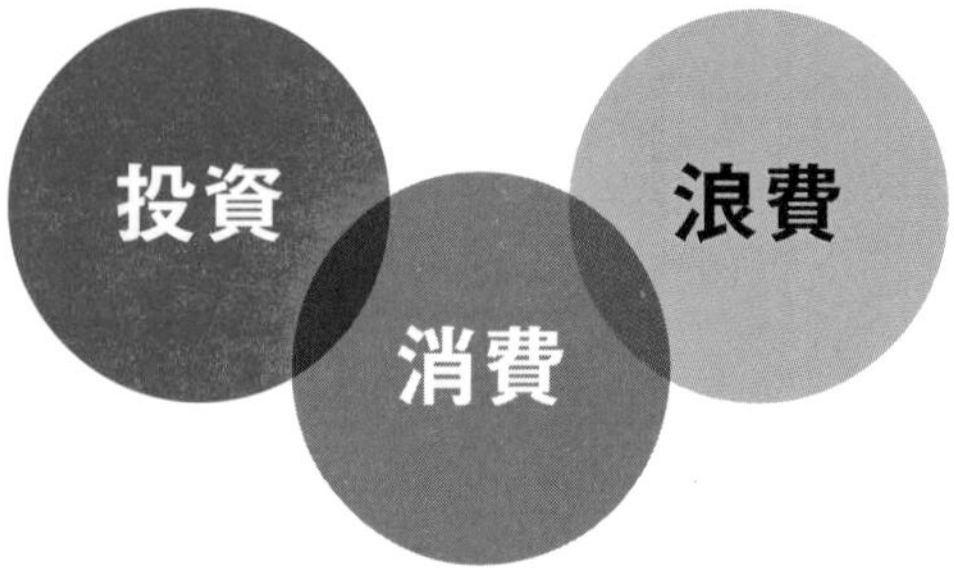
投資
浪費
消費

POINT ④

貯金をするために
支出について知ろう

- 携帯電話代　　円
- クレジットカード料金　　円
- 交際費　　円
- 嗜好品代　　円
- 生命保険料　　円

記入してみて！

POINT ⑤

ボーナスはもらえない
ときだってあります

業績悪化

転職

不景気

ボーナスは
企業にとって
“義務”じゃない

POINT ⑥

銀行の口座は３つ
持っておくのが正解

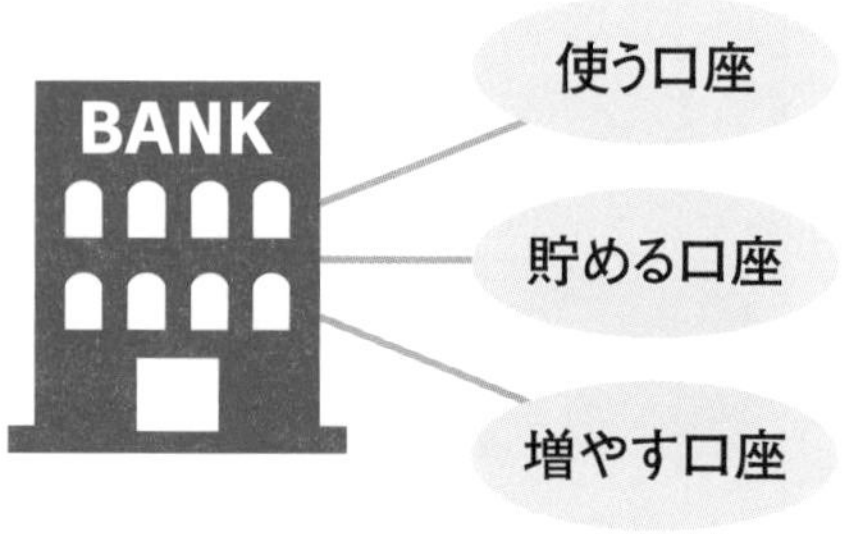
BANK
使う口座
貯める口座
増やす口座

第3章

しっかり準備して資産運用をはじめてみよう

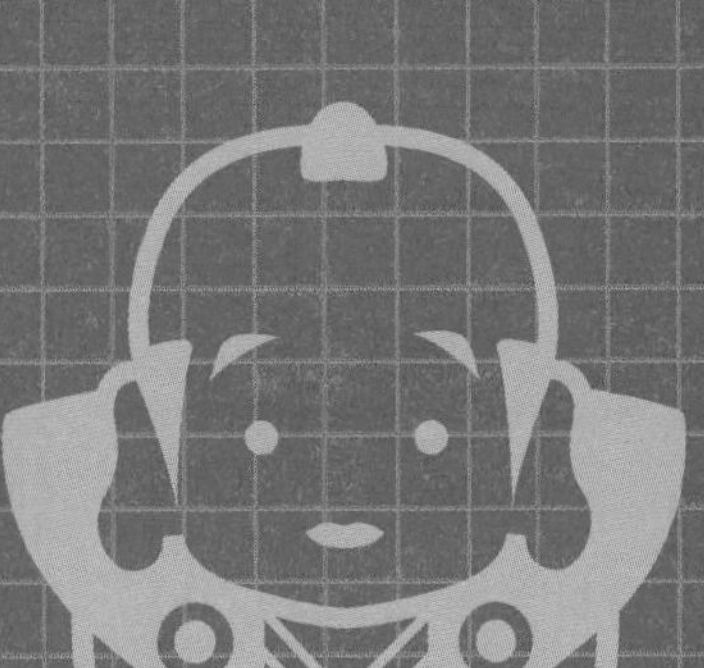

01

万全の備えこそが成功の秘訣

「何のために投資をするのか」をはっきりさせよう

心から切望する夢を目標に掲げること

不思議なもので、資産運用に成功する人というのは、おおむねタイプが決まっています。

『自分の夢を実現するために、必要なお金を手に入れる』

こんなふうに、人生でかなえたいと願う具体的な目標――すなわちビジョンを持っているのです。

例えば、「新型の大型テレビを買う」とか「家族で北海道旅行に行く」という、ささやかな目標でもかまいません。あるいは「都心の超高級マンションに住む」とか「ヨットで世界一周する」という、壮大な夢でもいいでしょう。

一番大事なのは、心から真剣に切望する夢を、目標として明確に掲げること。その夢のために資産運用してお金を手に入れる、とつねに自分に言い聞かせます。つまり財を築いた未来にある、新しい自分をイメージするのです。

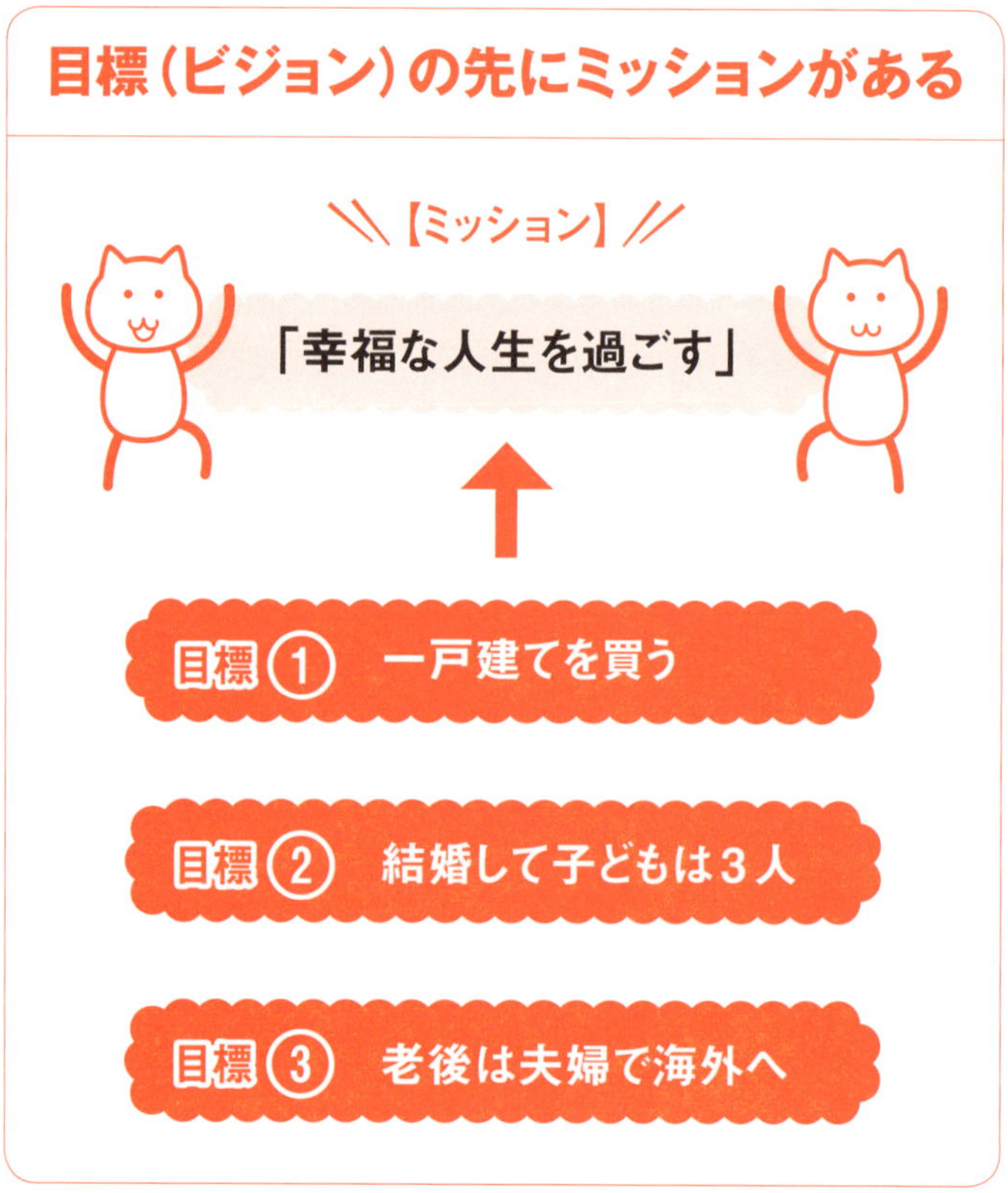
目標（ビジョン）の先にミッションがある
【ミッション】
「幸福な人生を過ごす」
目標① 一戸建てを買う
目標② 結婚して子どもは3人
目標③ 老後は夫婦で海外へ

継続は力なり、は目標があるからこそ

そのように人生の目標に向かって投資している人は、資産運用を成功に導けます。

相場が下がってきたからといって、簡単に挫けることも諦めることもありません。ましてや一瞬で人生が破滅してしまうようなリスクを取る過ちも犯しません。

なにしろ自分の人生の目標のための資産運用ですから。

一方で、資産運用に失敗する人もまたタイプが決まっています。

明確な目標を持たず、ただなん

となくお金が増えたらいい。そんなふうに漠然と考えている人。

うまくいかない理由は明快です。一円でも多く財を増やしたいという、モチベーションや熱意がそれほど強くないうえ、投資に対する向学心も長く続きません。

この理屈は資産運用だけでなく、貯金でも勉強でも運動でも同じように当てはまります。

自分が望むべきゴールがある人とない人とでは大きく差が開くのです。「継続は力なり」は、目標のある人だけが実践できる格言といえるでしょう。

ビジョンの先にあるミッションを

人生の目標はビジョンとミッションに分けて整理できます。

「ビジョン」とは自分が人生で実現したいと願っている夢です。

前述の具体的な目標もすべて、いわばビジョンの一環といえます。そしてビジョンのさらに先の未来にあるのが「ミッション」。

あなたの人生をつきつめた最終的な生きざまであり、根本的な生き方の追求です。

例えば、「家族が仲良く幸せな日々を過ごせるように」「困っている人の役に立つことで社会貢献に励みたい」など、価値観や人生観をまとめたものです。

ビジョンとミッションは個別に存在するのではなく、ビジョンの先にミッションが見えてくるという関係性が成り立ちます。つまり資産運用を成功させることで、あなたの最終的なミッションもまた成功に近づいてくるでしょう。

資産を増やすということは、あくまで夢を実現させる手段にしかすぎないのです。

目標があれば成功する

資産運用する理由を明確に
将来はヨットを買って
世界一周だ!!
そのためには
夢のために頑張るぞ!

POINT

目標を設定して ゴールを目指す

投資において一番大事なのは、心から真剣に切望する夢を、目標として明確に掲げること。その夢のために資産運用してお金を増やす、と常に自分に言い聞かせます。望むべきゴールがある人とない人とでは、結果に差が生じるものですから。「継続は力なり」は、目標のある人だけが実践できる格言といえます。

きっと頑張れば
夢は叶うんだね

02

万全の備えこそが成功の秘訣

資産の現状はしっかりと把握しておきたい

資産状況を洗い出し今後の投資の準備を

資産を運用する際、元本となる資金は、なくてはならない重要なもの。そして金額の大小に応じて、運用すべき金融商品の種類や属性、期間が異なってきます。

　となれば、投資で最初に着手すべきことはなんでしょうか。

　それは自分の持つ資産を、きちんと把握することです。

　ほとんどの人は複数の銀行口座を持ち、そこに資産を預金しています。それが合計で現在いくらあるのかを調べてみてください。

　そうして運用に回せる投資資金について考えましょう。

　すでに資産運用を開始している人の場合も、定期的に資産の現状を評価する必要があります。

　銀行に預けてあるお金は通帳記帳で、証券会社なら取引残高報告書を取り寄せます。それらを並べて現在の資産状況を洗い出し、データを取得します。

　これは投資家が習慣にすべき大切な管理業務です。

運用資産は6グループに分けて

データが揃ったら、アセットクラスと呼ばれる、6カテゴリーに振り分けていきます。リスク別にグループ管理することで資産の全体像を捉えやすくし、配分に応じて調整が図れるよう備えます。

　初めに行うのは、株式型と債券型に分けること。

　株式型とは株価の変動で元本が増減する資産を指します。

運用は6つのグループに振り分けて

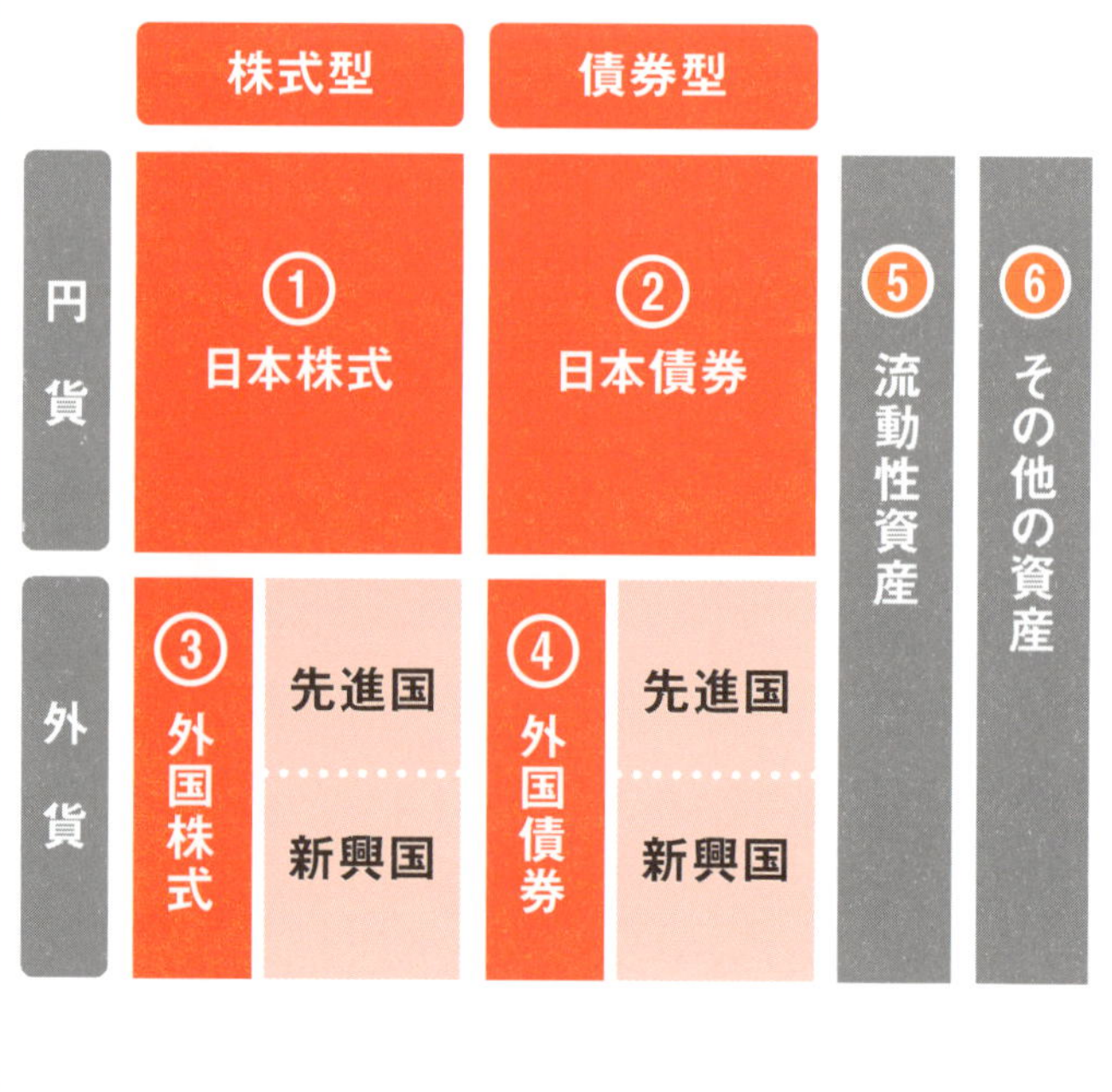
株式型
債券型
円貨
外貨
①日本株式
②日本債券
③外国株式
先進国
新興国
④外国債券
先進国
新興国
⑤流動性資産
⑥その他の資産

債券型は、定期預金や債券のように定期的に金利が受け取れて、元本が満期後に返戻される資産のことをいいます。

続いて為替リスクの有無による分類をします。

外貨建て資産は、円高になると資産が減り、円安になると資産が増えるという特徴を持ちます。

ここまでで、日本株式、日本債券、外国株式、外国債券の4つのグループ分けができました。

さらに、いつでも現金化できる資産を、流動性資産として5つめのグループにします。普通預金や定期預金などがこれに当たります。

そうしてこれら5つのグループのどれにも該当しないカテゴリー、すなわち不動産やコモディティ（商品）などを、6つめのグループとします。

資産評価は年に数回のタイミングで

運用に際しては、リスクが分散されているか、バランスが偏っていないか、過度な損失が膨らんでいないかなどをチェックします。

そのうえでリセットできるものは調整を行って、今後の運用計画をあらためて考えましょう。

資産額や投資期間、目標への達成度によって、これらの作業はかなり異なってきます。

また、年に数回のタイミングで資産評価を実施して、確認を怠らないことも大切です。

ただ、資産評価を気にするあまり、運用計画に熱心になりすぎないよう注意してください。あくまで自分は自分、お金はお金という意識を持つことも投資においては大切なのです。

資産を洗い出す

A銀行
B銀行
〒
まずは口座を持つ銀行などの
最新の残高を知る
¥
そのうえで
運用を考えよう

POINT

最新データの取得を怠らない

自分の持つ資産をきちんと把握すること。そうして運用に回せる投資資金について考えましょう。すでに資産運用をはじめている人も、現在の資産状況を洗い出し、最新のデータを取得します。その後、日本株式、日本債券、外国株式、外国債券など計6グループに資産を分けます。年に数回のタイミングで資産評価をしましょう。

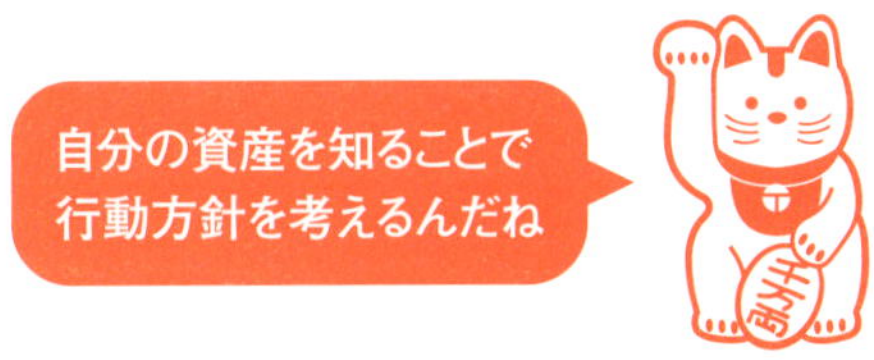
自分の資産を知ることで
行動方針を考えるんだね

03

万全の備えこそが成功の秘訣

将来、資産がどう増えるかをシミュレーション

試算で改善点をブラッシュアップ

資産運用のプランの全体像がある程度見えてきた段階で、将来形成される資産額がどれくらいになるのか、シミュレーションしてみましょう。実際の数値を当てはめて試算することで、あなたの良い点と悪い点が見えてきます。

同時に、改善点を検討しながら、無理のない現実的な運用計画になるよう、さらにブラッシュアップを図ります。

特に投資が初めての方の場合は、リスク回避ができているか、積立金額や運用時期に無理がないかなど、継続的な投資の実現を念頭に置いて考えるべきです。

実際に運用結果を試算してみよう

運用による将来の資産金額は、いま保有している資産、これから投入していく資産、運用期間、そして運用利回りの4要素によって決まります。

資産を最大限に増やす理屈は難しくありません。なるべく多くの元本に、なるべく大きな金額を積み立て、なるべく長期間、高い利回りで運用することです。

このように投資効率を最大にすることを考えれば、資産額はおのずと急増していきます。

と、理屈では簡単ですが、現実のシミュレーションでは注意点があります。それは運用利回りを高く設定しすぎないこと。なぜなら高いリターンを狙うほど、リスクが急増するからです。

1万円の元本運用試算表でシミュレーション

いま持っている資産がどう増えるか

(単位：円)

	5年後	10年後	15年後	20年後	25年後	30年後
1%	10,510	11,046	11,610	12,202	12,824	13,478
3%	11,593	13,439	15,580	18,061	20,938	24,273
5%	12,763	16,289	20,789	26,533	33,864	43,219
7%	14,026	19,672	27,590	38,697	54,274	76,123

現在持っている資産のうち、投資に回せる額が

15万円なら 15倍

50万円なら 50倍

100万円なら 100倍 して計算してみよう

ともすると高利益を目指すあまり、リスクの取りすぎで失敗してしまう危険性が高まります。

保有している資産が運用によってどのように増えていくのかは、前頁の表組をご覧ください。

元本1万円の設定で、運用利回りと運用期間によってどれくらい増えるかを試算してあります。

もしあなたの資産が100万円なら、表の金額を100倍にしてください。

結果に応じて投資計画を改案する

シミュレーションの結果を目標金額と比較してみましょう。

まず「シミュレーション金額＝目標金額」のパターンですが、このように一致する場合は理想的な投資スキームが確立されているといえます。

「シミュレーション金額＞目標金額」のパターンでは、レートを下げてリスクの低い運用方法に変えたり、目標達成時期の前倒しを検討したりします。

最後に「シミュレーション金額＜目標金額」のパターン。この場合、積立金額を増額したり、目標達成時期を先延ばしすることを考える必要があるでしょう。

目標金額はあくまで将来的な推定金額であり、今後も変化していく可能性があります。

ここで大切なのは、リスクや負荷を伴う運用スケジュールで過度なストレスを感じるよりも、現実味のあるプランで、着実に目標へと近づけさせることです。

逆にいえば、しっかりした計画を立て将来への道筋を作りさえすれば、お金というのは確実に増えていきます。

資産を最大限に増やすためには
なるべく多くの元本を用意
なるべく長期間
なるべく高い利回り
なるべく大きな額を積み立てる
ただし一喜一憂しないこと

POINT

現実的なプランで目標へ向けて

運用による将来の資産金額は、いま保有している資産、これから投入していく資産、運用期間、そして運用利回りの4要素によって決まります。将来の資産額をシミュレーションして傾向を把握しましょう。大切なのは、リスクや負荷を伴う運用スケジュールによるストレスを避け、現実的なプランを立てることです。

先を読めば事前に対策が考えられるよ

04

万全の備えこそが成功の秘訣

老後の資産設計は あらかじめしておきたい

世界的な長寿国 日本の高齢社会

厚生労働省の調べによると、日本人の平均寿命は、男性80・98歳、女性87・14歳。

平均寿命の国際比較では、日本人男性、女性ともに世界第2位。トップレベルの長寿国として、不動の地位を確立しています。

長生きの理由は、食生活や遺伝素因やライフスタイルなど、諸説さまざまですが、医療制度が整備されていることも一要因。高齢者の健康増進や病気の早期発見、早期治療につながっています。

そういった社会背景に合わせ、今後はさらに高齢化が進むといわれているのが現状です。

そこで考えておきたいのは、老後の資産設計。誰にでも訪れる老後だからこそ、どんな現実が待ち構えているのか知るべきです。

そして、いつか来る日に備えて準備をいまからしてください。

老後には最低2500万円が必要

まず、ショッキングな大前提から話しましょう。定年退職すると、老後の家計収支はほとんどの場合、赤字になってしまいます。

一般的な高齢無職世帯の夫婦2人の平均的な支出は、22・3万円になるといわれています。

ただしこれは必要最低限の日常生活費。旅行や趣味やレジャーといった、経済的にゆとりのある老後の生活を送るためには、前述の最低日常生活費以外に、平均月額14・3万円ほどかかります。

合算すると36・6万円が毎月必要になるわけです。単純計算で、年間439万円にも上ります。

老後に大きな支出となるものの例

住宅関連
退職時のローン残高は?　退職金で完済できる?
子ども関連
退職時の子どもの年齢は? 学校卒業後は同居?　別居?
趣味・遊び関連
どれくらいのペースで旅行する? 趣味にかかる費用は?
施設利用関連
老後にどんな施設に入る?　入居費はいくら?
税金
親から相続する資産はある? 相続税はいくらくらい?

引退後、25年の老後人生があるとするなら、約1億円相当。

これに対して公的年金の年間支給額は約300万円。25年をかけると、7500万円。

つまり、2500万円の貯蓄が必要になる計算です。もちろんそれ以上長生きする可能性もあるため、さらに余裕資金を蓄えておくべきでしょう。

経済リスクに備えた万全の運用計画を

さらに知っておくべきシビアな現実がいくつかあります。

まず高齢になると、病気のリスクが高くなります。結果、医療費や介護費の負担が増えます。

若いうちにマイホームを建てたなら、老朽化によるリフォームも必要になるでしょう。

さらに孫への援助費用や、万が一の施設入居費用などが挙げられます。つまり老後を見据えた金銭面でのリスクヘッジは、準備しておくにこしたことはありません。

となると退職金の用途や、部分的な運用方法を、若いうちから計画的に用意しておいたほうが無難です。

まさに備えあれば憂いなし。

老後に備えたそのような自助努力は不可欠で、「どのような生活がしたいのか」「収入はどのくらい必要になるのか」といったことを、自分たちの目指す生活レベルに合わせてイメージしておきましょう。

老後の家計は赤字になる!?

いまから知っておくべき
老後に迫る現実

1. 収入が給料から年金に変わることで激減
2. 病気のリスクが増えて医療費、介護費が増加
3. 家が老朽化してリフォーム費がかさむ
4. 元気な人は時間が余るため趣味や旅行を楽しみたい

POINT

備えあれば憂いなしの計画を

誰にでも訪れる老後だからこそ、どんな現実が待ち構えているのか、知っておくべきです。なぜなら定年退職すると、老後の家計収支はほとんどの場合、赤字になってしまうから。 高齢になると、医療費や介護費、老朽化した家のリフォームなど、支出が増大します。備えあれば憂いなし、という老後に備えた自助努力が不可欠です。

05

万全の備えこそが成功の秘訣

資産運用の基本を把握しよう

お金に働いてもらいお金を増やすこと

日本のメガバンクの普通預金の金利は０・００１％（２０１７年現在）と、第１章で解説しました。１０００万円を預けても、利息はわずか１００円にしかなりません。けれども、これも資産運用のひとつです。

同様に、多くの人が給料の振込で使用している銀行口座に、お金を預けていることもまた、ある意味では資産運用です。

つまり簡単にいうと、お金でお金を増やすこと。

お金自体に働いてもらって、資産を増やすことが資産運用です。

ただし、どうせお金に働いてもらうなら、少しでも多くの金額を稼いでもらいたいと思います。

例えば投資信託では、インデックスファンドに投資した場合の平均利回りは４～６％になります。

銀行の金利と比べていかがですか？　あなたならどちらにお金を預けたいと考えますか？

運用にはつねにリスクが伴う商品

資産運用の優れている点。

それは、自身が会社員として働きながらもできることです。

自分は自分、お金はお金で、それぞれが一生懸命仕事に励めば、当然資産は増えていきます。

ただし資産運用で気をつけなければならないのがリスクです。

ハイリスク・ハイリターン。

ローリスク・ローリターン。

リスクが高くなれば大きく儲け

投資をしている人の割合ってどれくらい？

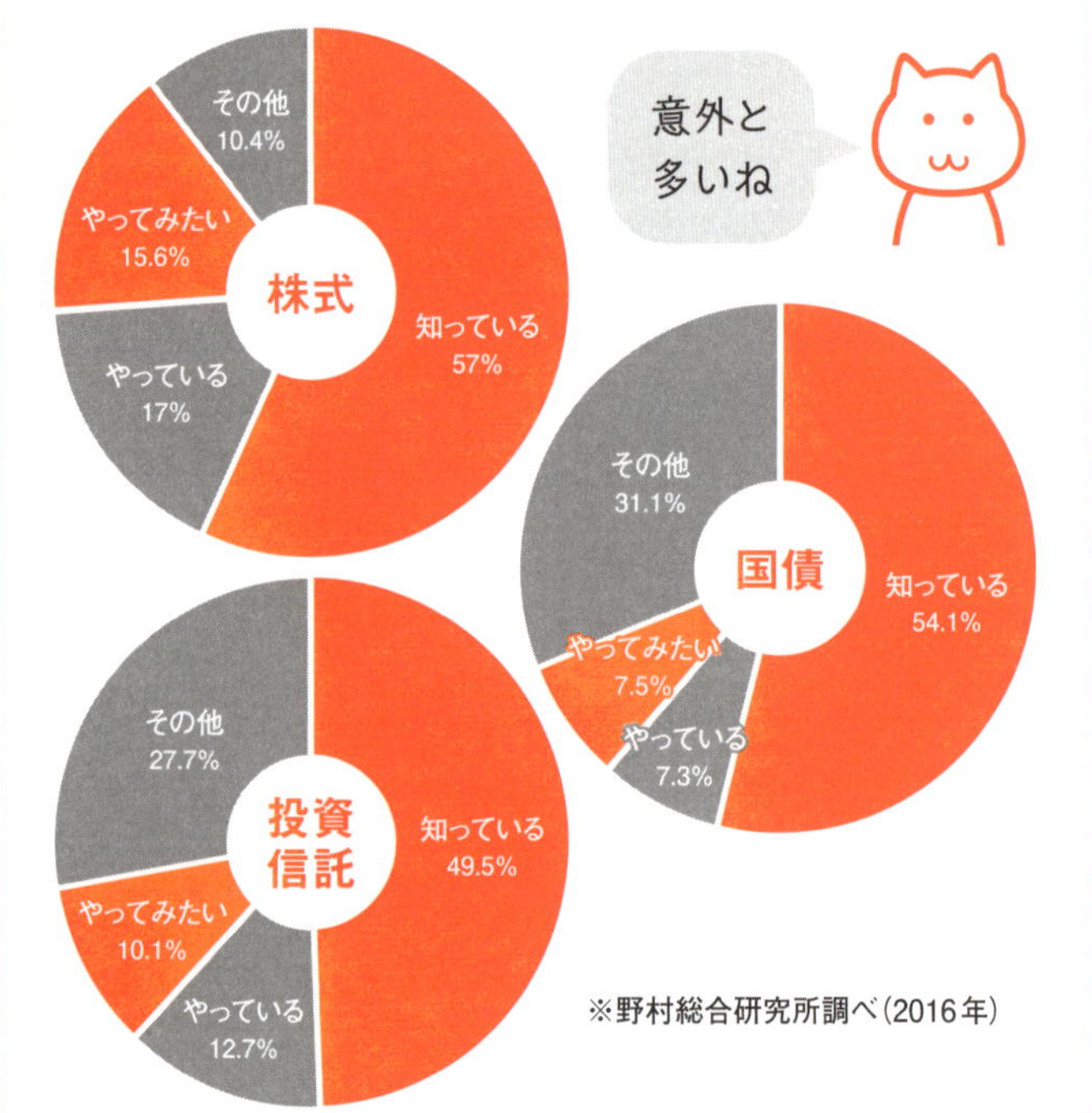
意外と多いね
株式
知っている 57%
やっている 17%
やってみたい 15.6%
その他 10.4%
国債
知っている 54.1%
やっている 7.3%
やってみたい 7.5%
その他 31.1%
投資信託
知っている 49.5%
やっている 12.7%
やってみたい 10.1%
その他 27.7%

※野村総合研究所調べ（2016年）

ることが可能で、リスクが低ければ儲けもまた小さくなります。

　株式や債券、投資信託は、いわゆるリスク商品で、相場の状況により価格が変動します。

　商品を買ったときの金額を下回ってしまう場合もあるのです。

　この投資の大原則を正しく理解したうえで、自分の目的と手法と目標額に見合った運用方法を確立することが大切です。

　そして運用するための資産には、生活費や食費といった、用途の決まっているお金を充ててはいけません。焦ることなく、のんびりと一定期間、寝かせられる余裕資金であること。

　そのルールを徹底させなければ、さらに投資リスクは増加します。極端に儲けようと思わず、いつの間にか増えていたという気構えでいるのがいいでしょう。

社会的背景が資産運用に脚光を

　なぜいま資産運用や投資が話題になっているかというと、昨今の社会的な背景が影響しています。

　ひとつには、先ほども触れた通り、銀行の金利があまりに低すぎるからです。大金を長期間預けても、ほぼ利子は期待できません。

　さらに日本は今後、インフレ（物価が上昇していくこと）に向かう傾向が強いということ。同額を支払って同じモノが買えなくなっていくわけですから、現金の価値が時間とともに減少します。

　そうした理由から、お金がお金を生む資産運用が脚光を浴びているのです。たしかにリスクは伴いますが、それ以上に社会がはらむリスクが大きく、多くの人は資産運用の重要性を実感しています。

そもそも資産運用ってなに？

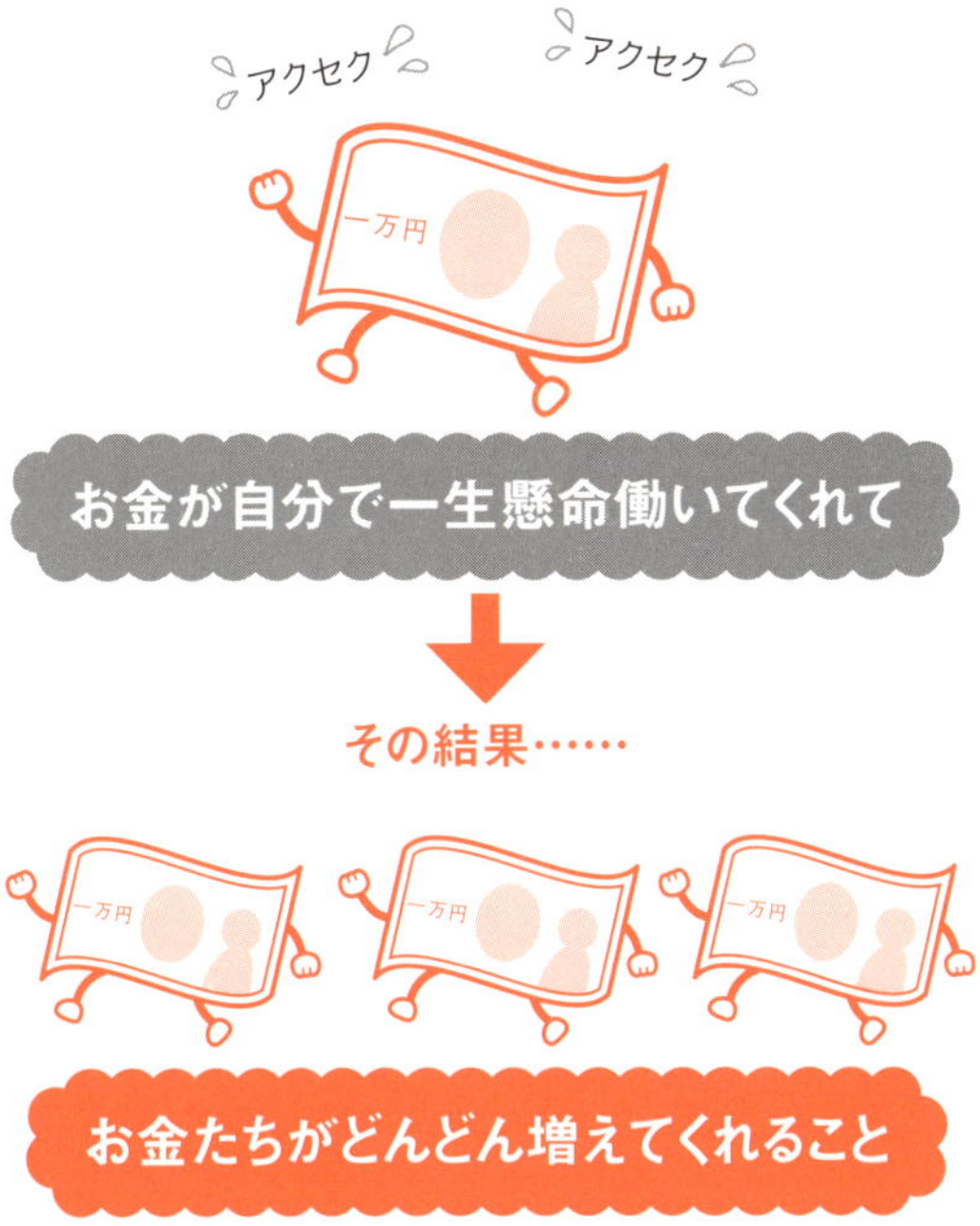
アクセク
アクセク
一万円
お金が自分で一生懸命働いてくれて
その結果……
一万円
一万円
一万円
お金たちがどんどん増えてくれること

POINT

リスクの原則をつねに念頭に

資産運用とはお金自体に働いてもらって、資産を増やすこと。どうせなら少しでも多くの金額を稼いでもらいたいと誰もが考えます。ただし、資産運用で気をつけなければならないのがリスクです。リスクが高くなれば、より大きく儲けることが可能ですし、リスクが低ければ儲けもまた小さくなります。つねにリスクを考えましょう！

リスクは避けて
堅実に儲けようね
千万両

06

万全の備えこそが成功の秘訣

知っておくべき投資の種類とは？

元本保証はなく高利益が期待できる

資産運用を考えているけれど、どのような種類があって、各々の特徴についても教えてほしいという声をよく耳にします。

基本的なことですが、初心者の方々にとっては、いきなり難しい本を読んでも理解しにくいうえ、専門用語で解説されていると、さらに難解になることでしょう。

ここでは代表的な3つの投資商品について個別に解説したいと思いますが、その前に投資商品の特徴についておさらいします。

そもそも投資商品とは、つねに相場で価格が変動することを前提にした金融商品のことです。

売買によって投資したお金の元本は全額保証されません。

この点が、銀行に現金を預けて利息を増やす貯蓄と決定的に異なるポイントです。

リスクがある反面、貯蓄に比べると高収益が期待できます。

代表的な投資商品は、株式、債券、投資信託の3つです。

代表的な投資商品は株式、債券、投資信託

投資商品の代表格が株式。

3商品のなかでもっとも値動きが激しく、大きな利益が期待できる一方、株価が急激に下落してしまうと大きな損失を被って、資産を目減りさせてしまいます。

とはいえ株式は上場企業のもの。財務状況や業績、経営状態といったファンダメンタルを分析して株価が割安か、今後の成長が見

投資目的を聞いてみました

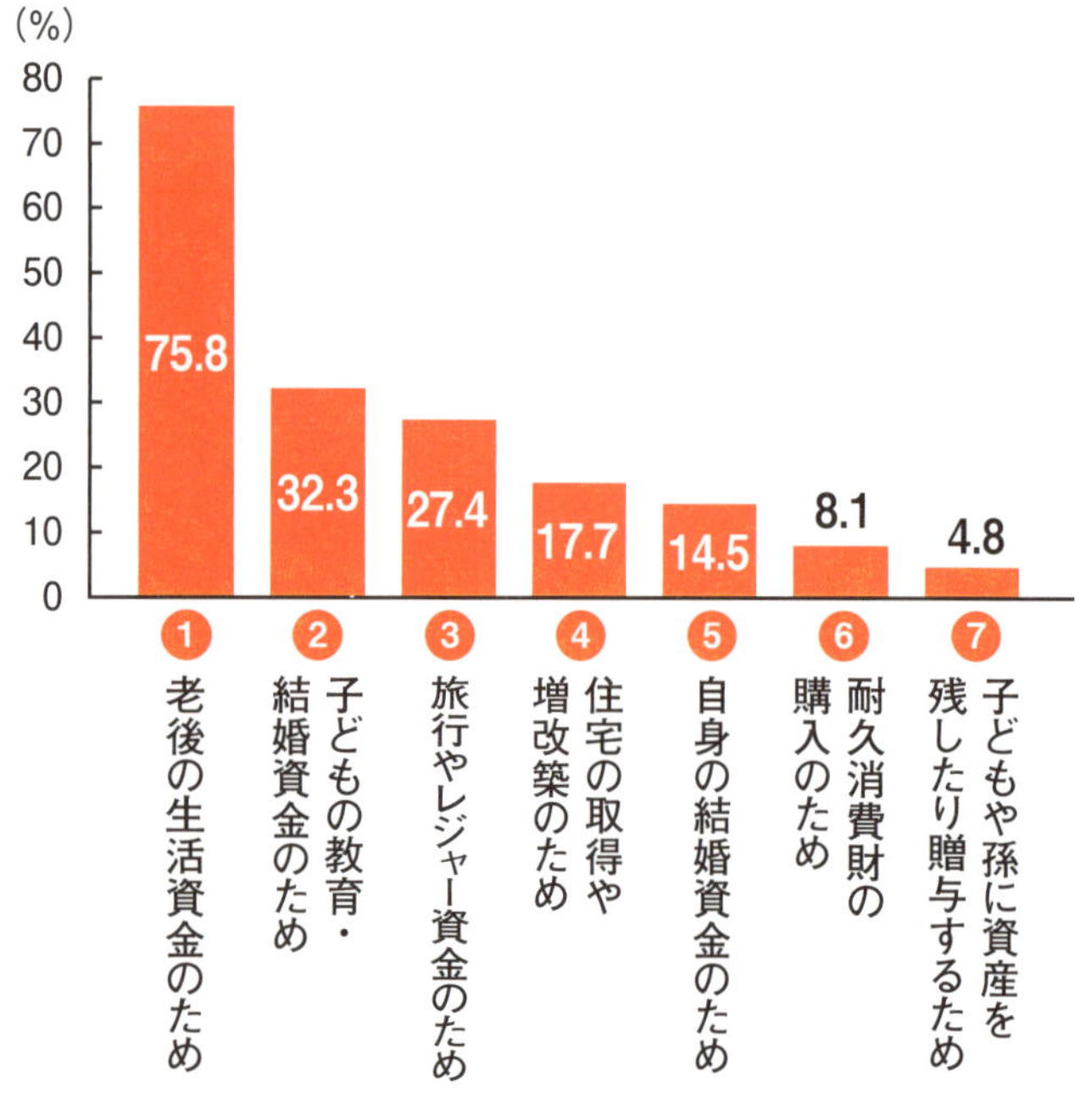

(%)
80
70
60
50
40
30
20
10
0
75.8
32.3
27.4
17.7
14.5
8.1
4.8
1 老後の生活資金のため
2 子どもの教育・結婚資金のため
3 旅行やレジャー資金のため
4 住宅の取得や増改築のため
5 自身の結婚資金のため
6 耐久消費財の購入のため
7 子どもや孫に資産を残したり贈与するため

※野村総合研究所「個人の投資に対する取り組み状況に関する調査（2015年1月）」

込めるかを分析します。また、これまでの株価の変動パターンから先を読むのがテクニカル分析。現在の株価が割安か割高かをチャートなどによって見極めます。

それらの知識を身につけることで損失を最小限に抑え、着実に利益を重ねていく投資商品です。

債券は新発債（新たに発行される債券）を購入し、満期まで保有すれば元本が保証されます。定期預金と似ていますが、利率を比較すると高めです。ただ、債券もつねに価格が変動し、途中換金する場合は元本を下回ることが（逆に上回ることも）あります。

債券を発行する企業が破綻すると、元本が戻ってこないといったリスクも伴います。

最後に投資信託です。

不特定多数の個人から集めたお金を、専門家が株式や債券に分散して投資する商品です。

元本保証型ではありませんが、プロが運用するため、投資経験が浅い人でも少額からはじめられます。３つの投資商品のなかでは、もっとも人気があります。

購入前には事前研究と分析を

投資商品を選ぶ際、自分にとって最適なスタイルかどうかによって決めることをお勧めしたいと思います。

購入単価や期間、利率、そしてリスクをよく研究し、目標とする金額への到達可能性や期待度も含めて分析しましょう。

ただ、これから投資をはじめる初心者であれば、低リスクの商品から、徐々にステップアップしていくのが確実性の高い手法だと思います。

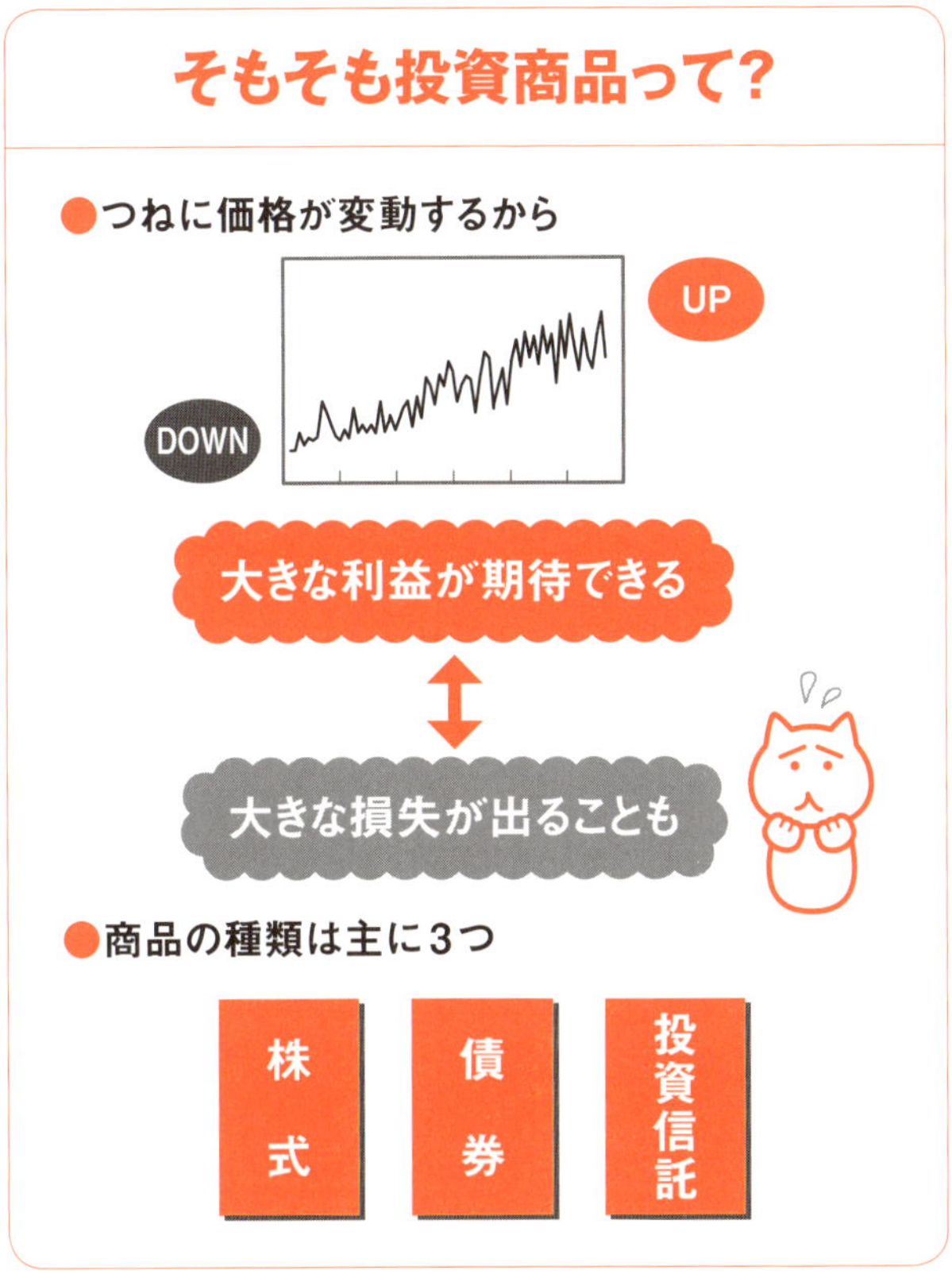
そもそも投資商品って？
●つねに価格が変動するから
UP
DOWN
大きな利益が期待できる
大きな損失が出ることも
●商品の種類は主に３つ
株式
債券
投資信託

POINT

向き不向きを見極めて分析を

投資商品とはつねに相場で価格が変動する金融商品。リスクがある反面、貯蓄に比べると高収益が期待できます。代表的な商品は、株式、債券、投資信託の３つ。選び方は自分にとって最適なスタイルかどうか。購入単価や期間、利率、そしてリスクをよく研究し、目標とする金額への到達可能性や期待度も含めて分析しましょう。

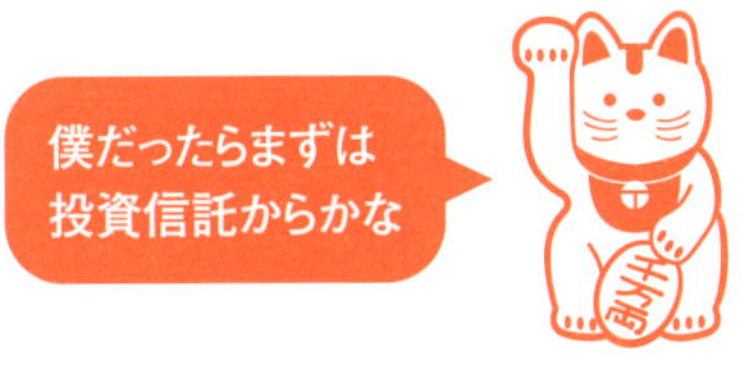
僕だったらまずは
投資信託からかな

07

万全の備えこそが成功の秘訣

資産運用は必ず余裕のある資金で!

3つに資金を分けて役割を明確に

資産運用する際は、手持ちの現金を本来の使途によって仕分けすることからはじめましょう。それらのお金の特性を確認したうえで、個別の運用手法を選択します。

「どの資金を、どのように運用すればいいの?」

という声をよく聞きますが、仕分け管理は大きく分けて3タイプ。生活資金、使途目的資金、余裕資金となります。

まず生活資金です。

これは住居費や食費、光熱費といった日常不可欠な必要経費に充てるお金。運用によって損失してしまえば大変な事態となります。

次に将来の使途目的資金。

住宅購入の頭金、教育費、緊急医療費などです。生活資金と比べると時間的な余裕があります。

そして余裕資金。

さしあたって現在も将来も、特に使う予定がないお金です。

利益より安全性を重視することが鉄則

生活資金と将来の使途目的資金は、決して目減りさせてはならない現金です。

元本保証型で、利益より安全性を重視した運用を心がけます。

生活資金については、いつでも引き出して使えなければ意味がありません。

流動性を考えると、ATMにて下ろせるよう、普通預金や通常貯金でストックしましょう。

将来の使途目的資金は、運用期間に若干の余裕があります。

元本保証型はもちろんですが、やはり利益より安全性を優先し、手堅い運用で確保しておかなければならない性格の現金です。

よって、一部を定期預金にし、残りを国債など債券での分散運用をお勧めします。

なお緊急医療費は、病気、事故、災害といった不慮の事態に備えるためのもの。3ヶ月分の生活費を目途にし、万が一のため、つねに用意しておきましょう。

そして余裕資金。余剰資金とも呼ばれます。

こちらは収益性を優先し、株式への投資、投資信託の購入など、いわば攻めの投資に向けます。

ただし注意点があります。

余裕資金とはいえども、大切なお金には変わりありません。

投資経験者の金融資産の配分

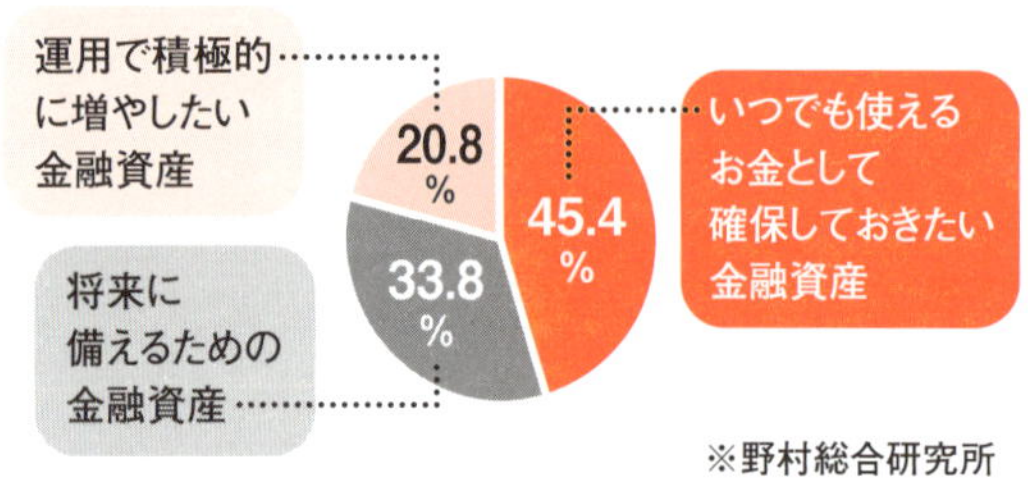

運用で積極的に増やしたい金融資産
20.8%
いつでも使えるお金として確保しておきたい金融資産
45.4%
将来に備えるための金融資産
33.8%

※野村総合研究所「個人の投資に対する取り組み状況に関する調査(2015年1月)」

資金の使途・特性と金融商品

【使途】	【特性】	【金融商品】
生活資金	安全性 流動性	普通預金
将来の 使途目的資金	安全性	定期預金 国債など
余裕資金	収益性	株式 投資信託など

あなたに合った運用方法をじっくり検討し、少額から徐々に取り組みましょう。くれぐれも利益を狙うあまり、リスクを取らないよう気をつけることです。

焦らずじっくりとバランスを見極めて

お金がお金を生む資産運用は、なによりも元本である現金を大切に考え、無理な投資に充てないことを心がけなければなりません。

同時に、焦らずじっくりと取り組む、安定したメンタルでの決断力が求められることも忘れずに。

儲けるはずが、焦るあまり損をするようでは、本末転倒です。

資金の性質の見極めと同様、利益とリスクと安全性のバランスをしっかり分析してください。

そうすれば、必ず思うような結果になるはずです。

POINT

少額から徐々に取り組んでいこう

「どの資金を、どのように運用すればいいの？」という声をよく聞きますが、資金は生活資金、使途目的資金、余裕資金の、大きく3つに分けて管理します。メインの資産運用はもちろん余裕資金で行いますが、あなたに合った運用方法を検討し、少額からはじめましょう。利益を狙うあまり、リスクを取らないようご注意を！

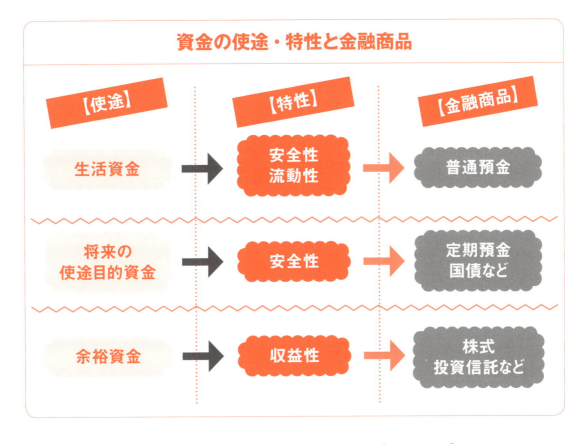

08

万全の備えこそが成功の秘訣

資産運用は じっくりと時間をかけよう

将来のチャンスを読む大局観を

投資を手掛けるときの最重要ポイントがあります。

それは、やめないこと。諦めないことです。いくら急落で計算外の損失が出たからといって、自暴自棄になってはいけません。

最近の株式市場（2017年現在）はマーケットを長期的に俯瞰すると、実体経済の成長に伴って右肩上がりの上昇を見せています。つまり下げの調整局面でも、投資を諦めることなく継続していれば、最後には勝てることを意味しています。短期的な視点ではなく、将来のチャンスを見据え、先を読む大局観を持ちましょう。

ゆえに、やめないことが大切なのです。本項のタイトル〝資産運用はじっくりと時間をかけよう〟にはそんな意味合いがあります。

そのひとつが、途中で諦めてやめるのではなく、長期での投資に勝利することなのです。

短期運用より長期運用に分が

時間を味方にできるという意味で長期運用には勝機があります。

短期間での結果を目指さないで、資産価格の動きに一喜一憂することもなく、時間を味方につけて長く運用する。株式市場が右肩上がりを続けている昨今では、短期運用より長期運用のほうに分があるのです。

投資はマラソンレースのようなもの。短期間で一時的な利益が出ても、長期間での成果が出せなければ意味がありません。

最終的な結果が重要です。

目先の動きではなく、長期間の継続が勝利のカギです。

一喜一憂せずに下げ局面を耐え抜こう

日経平均株価は上昇中
下げ局面でも諦めない
回復するチャンスは大

長く続けられる態勢を整えて

長期的に資産運用を継続するためにはいくつかコツがあります。

例えば、話し合える仲間を作ること。辛いことや嫌なことがあっても、同じ話題をいい合えばストレス解消になり、仲間意識が助け合いの関係を築いてくれます。

運用上の管理が煩雑にならないよう、資産の一覧を定期的にアップデートするのも手。生活の一部として習慣化すると、あなたのモチベーションまでアップします。

あと、信頼できるメンター（相談相手）を見つけることも安心材料のひとつ。手本になる心強い人がいれば、なにかと相談することでメンタルが安定します。

資産運用はおおむね孤独な作業で、内側にこもりがちです。

けれども近頃はネットやSNSの発達で、気軽に情報を発信でき、コミュニケーションが図れる時代になってきました。

運用や投資についてもスピーディに情報交換すれば、有益なネタのやり取りが可能となります。

時代の波に乗り、時間を味方にした長期にわたる運用で、成功を手中に収めましょう。

また、自分だけが儲かるよりも、信頼できる相談相手や仲間たちも一緒に儲かれば、資産運用はより楽しくなると思います。資産はお金だけではありません。仲間だって大切な資産なのです。

長期運用を続けるコツは？

① 話し合える仲間を作る

② 資産一覧の管理を習慣化する

③ メンター（相談相手）を見つける

POINT

重要なのは最終的な成果

短期的な視点ではなく、将来のチャンスがどこにあるのか、先を読む大局観を持ち、決して諦めないことです。いくら急落で計算外の損失が出たからといって、自暴自棄になってはいけません。目先の動きに捉われず、長期間にわたる継続することこそが勝利へのカギ。「急いては事を仕損じる」という言葉を肝に銘じておきましょう。

投資デビューをするためのイロハ ③

POINT ①

資産運用をはじめるにあたり、
まずやるべきことは？

A 銀行の
無料相談に行く

B 人生の
目標を決める ✔

POINT ②

すべての金融資産の洗い出しで
最新の残高情報を知ろう

A銀行
〒
B銀行

投資に回せるお金がいくら
あるかを知るために必要です！

POINT ③

資産を最大限に
増やすためには？

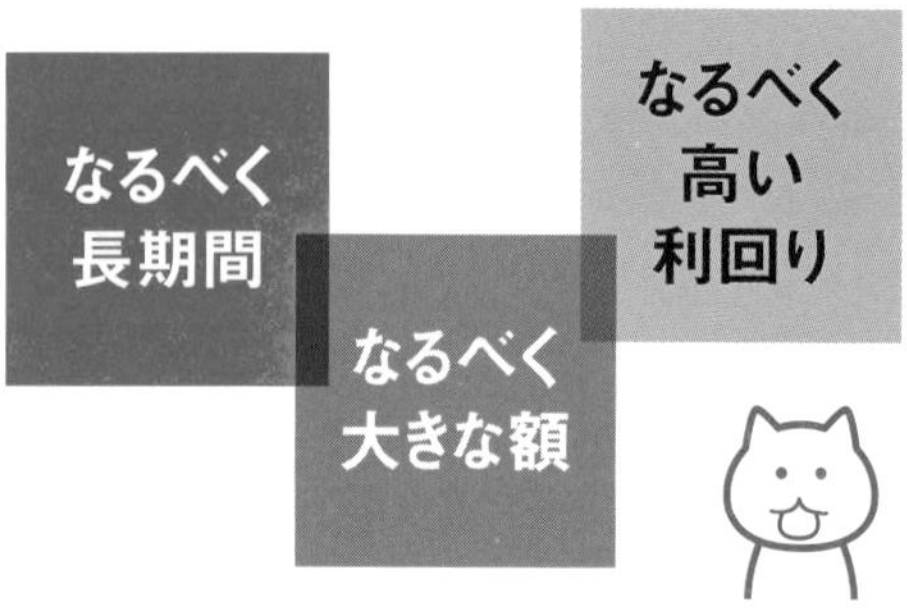
なるべく
長期間
なるべく
大きな額
なるべく
高い
利回り

POINT ④

そもそも資産運用とは
一体なんでしょう？

A お金が働いて
増えてくれること ✔

B 株取引で
ひと山当てること

POINT ⑤

主な投資商品を
知っておこう

株式
債券
投資信託

POINT ⑥

長期運用をできるだけ
続けるコツは？

話し合える仲間を作る

資産一覧の管理を習慣化する

メンター（相談相手）を見つける

第４章

資産を増やす運用方法

01

手軽で堅実な資産運用テクニック

投資信託なら、100円からはじめられる！

利益だけに魅かれて商品を選ばない！

ひと口に資産運用といっても、証券会社や金融機関には多彩な商品がラインナップされています。

本頁の表組を見てもおわかりの通り、それぞれ特性や特徴が異なっていて、投資家は運用目標や資産額、期間、リスクのレベルなどから、自分に合った金融商品を選びます。なかにはＦＸ（外国為替証拠金取引）のように、非常にレバレッジの高い、結果が極端なリスク過多な商品もあります。そのため初心者の方は、いくら儲かりそうな商品だと思っても、利益だけを見て安易に手を出さないことです。

これは株式投資にもいえます。値動きが激しく、百戦錬磨のトレーダーが日々しのぎを削る株式相場で初心者が成功を収めて、大金を手にすることはとても難しく、高いリスクが伴いますので、よく覚えておきましょう。

初心者でも安心の投資信託

これから資産運用をはじめる方なら、投資信託がお勧めです。

一番の理由は、少額からはじめられること。証券会社によっては１００円から購入できる商品もあり、自動引き落としで毎月定額を投資に回せます。また原則として、いつでも換金解約できます。

利益が安定しているわりに、リスクが少ないというのも、お勧めする理由のひとつ。

そもそも投資信託とは、多くの投資家から集めた資金をまとめて、運用のプロフェッショナルであるファンドマネージャーが分散投資して儲ける仕組み。商品に

金融機関で提供される主な金融商品とその特徴

投資信託	不特定多数の投資家から集めたお金を、資産運用の専門家が株式や債券などへ投資するもの。知識がなくても気軽に投資することができる。
日本国債	日本国が発行する債券であり、元本は国によって保証される。お金を借りたことを証明するために発行する借用証書のようなものともいえる。
ETF	日本の証券取引所に上場している投資信託。日経平均株価やTOPIXなどの株価指数や債券指数などに連動して運用される。
REIT	多くの投資家から集めたお金で、オフィスビルや商業施設、マンションなどの不動産に対して分散投資をする投資信託。
外国債券	貨幣や発行主体、発行市場のいずれかが外国である債券。「外債」ともいう。信用度の高い発行体を選ぶことが重要。
FX	証拠金を使って、外国通貨を交換・売買する為替の商品。元本の最大25倍まで取引が可能であり、為替手数料も低い。その一方で、高い運用能力が求められる。
コモディティ	先物市場で取引されている原油、金、穀物類、家畜といったコモディティ（商品）への投資のこと。コモディティ・ファンドともいう。
海外ETF	海外の証券取引所に上場している投資信託。NYダウなどの海外の株価指数に連動するインデックスETFに投資することができる。

投資信託の特徴

1. **少額からでも投資することが可能**
   ＼100円から購入できる／
2. **自動積立ができる**
   毎月決まった日に口座振替で投資ができます
3. **さまざまな投資対象がある**
   株式、債券、不動産（REIT）など
4. **いつでも換金や解約ができる**
   やっぱりやめます！

よって投資対象が異なります。

投資信託で覚えておきたいのは、支払うコスト。「販売手数料」と「信託報酬」「信託財産留保額」の3つです。

「販売手数料」は発生するものとしないものがあります。「ノーロードファンド」と呼ばれる手数料ゼロの商品を選びましょう。

「信託報酬」は保有期間中ずっとかかってくる費用。期間と残高に応じて、日割り計算した額が日々引かれていきます。「信託財産留保額」は換金するときにかかりますが、0・1～0・5％で、無料のものもあります。

投資信託は年5～7％の運用を目標とするのがひとつの目安。

つねにコストの低いものを選ぶよう心がけましょう。

口座開設は手軽で良心的なネット証券

最後に証券会社について触れます。口座を開設するならパソコンやスマホで気軽に申し込みができるネット証券が手軽でお勧め。

手数料が安く、運用商品の種類が豊富なのも魅力です。数あるネット証券会社のうち、特に人気が高いのはSBI証券、マネックス証券、楽天証券、カブドットコム証券の4社となっています。

各社の手数料の設定や特徴は異なりますので、運用用途やニーズに合わせて選んでください。

登録に少し手間がかかりますが、窓口に行くよりもお得です。

POINT

利益が安定しているうえ少ないリスクで運用できる

資産運用を開始するなら、まずは投資信託から。少額からはじめられ、証券会社によっては100円から購入できる商品も。また原則として、いつでも換金解約が可能です。利益が安定しているわりに、リスクが少ないというのも、お勧めする理由。口座を開設するならパソコンやスマホで気軽に申し込みできるネット証券が便利でしょう。

これだったら僕にもすぐにできちゃうな

02

手軽で堅実な資産運用テクニック

初めの一歩には分散型の投資信託を推奨

偏った集中投資は大損する場合も

資産運用において、初心者の方々が特に忠実に守るべき投資方法のひとつに「分散投資」があります。

なるべく種類や特性の異なる金融商品に、あなたの資産を分けて保有することが大切です。

なぜなら、一社の株式に全財産を投じたりすると、大損害を被るリスクが生じるからです。

例えばある自動車メーカーの株を保有したとします。

突然、その会社の生産する車が数十万台リコールになってしまったら、どうなると思いますか？

株価は大暴落します。そして、保有する株券は連続ストップ安になり、大幅に買値を下回ります。

このような最悪の事態を避けるためにも、バランスの良い分散投資が、資産運用を成功させるカギとなるのです。

4種類の投資先への分散が理想的

アメリカには『すべての卵をひとつのカゴに入れるな』という格言があります。

ひとつのカゴに卵を入れておくと、うっかり落としてしまったとき、全部が割れてダメになってしまいます。それを防ぐために卵はいくつかのカゴに分けて入れておこう、という教訓です。

資産運用の場合のカゴは「日本株式」「日本債券」「外国株式」「外国債券」の4種類となります。日本国内の金融商品だけでなく、外国の債券や株式にも分けることがポイントです。

さらに国内外の「債券」と「株式」に分散させることにも大きな意味を持ちます。

「債券」と「株式」には、いわばシーソーのような関係性があるからです。どちらかが上がれば、どちらかが下がるという、つねに相反する動きをします。つまり、リスクが分散され、相場が混乱に陥った場合でも、大損失を回避することができるわけです。

バランス型投資信託のメリット

1. とにかく手間がかからない
2. リバランスを考えなくてよい
3. 分散投資によるリスク低減が図れる

理想的なバランス型投資信託商品

とはいえ、資産運用の初心者が、いきなり「日本株式」「日本債券」「外国株式」「外国債券」の4種

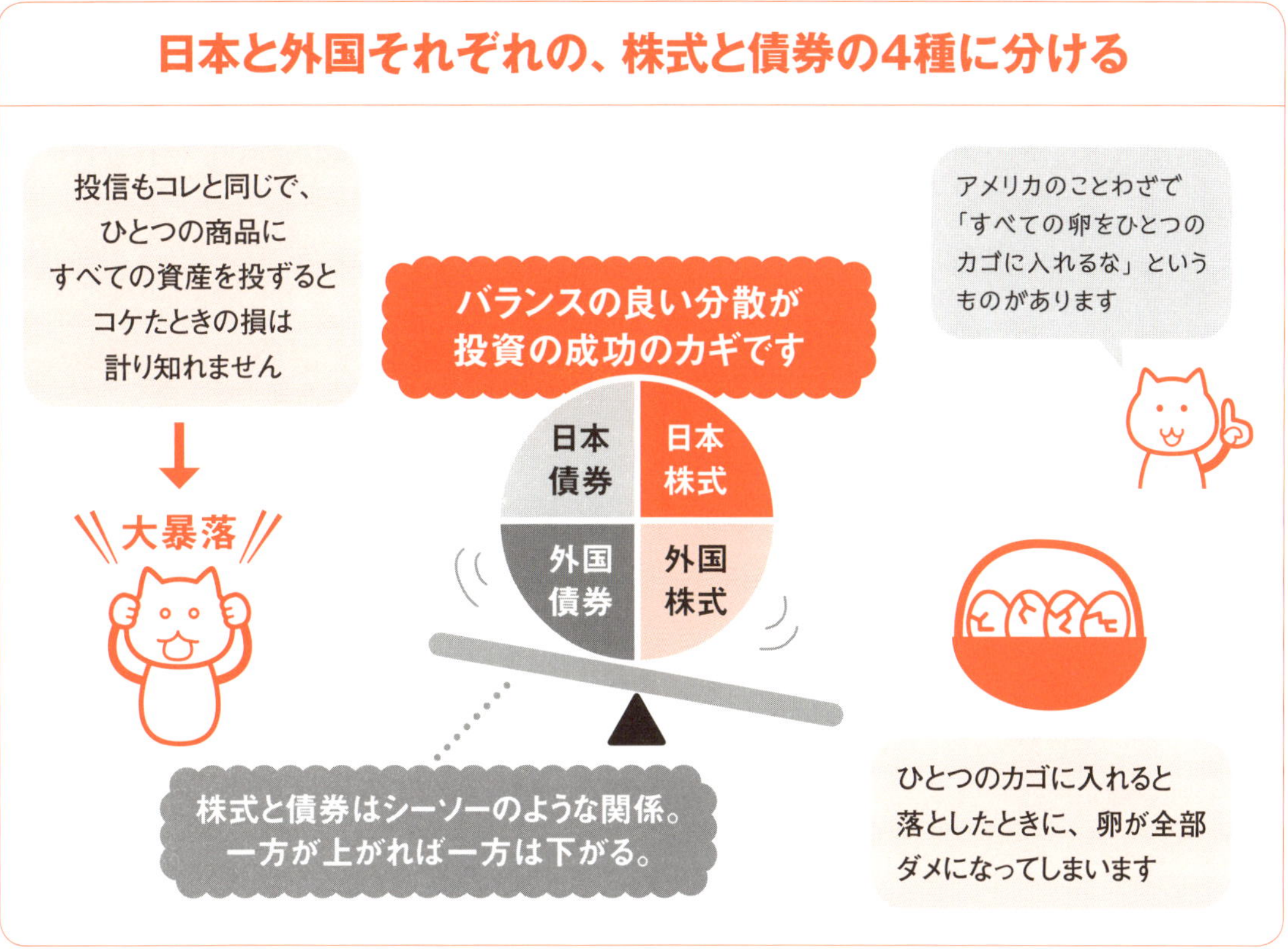
日本と外国それぞれの、株式と債券の4種に分ける
投信もコレと同じで、ひとつの商品にすべての資産を投ずるとコケたときの損は計り知れません
大暴落
バランスの良い分散が投資の成功のカギです
日本債券
日本株式
外国債券
外国株式
株式と債券はシーソーのような関係。一方が上がれば一方は下がる。
アメリカのことわざで「すべての卵をひとつのカゴに入れるな」というものがあります
ひとつのカゴに入れると落としたときに、卵が全部ダメになってしまいます

類に分散投資することは、選択肢の多さから困難を極め、現実的ではありません。

ところが、それを実現する理想的な商品があるのです。

それは、ずばり「バランス型の投資信託」。

その名の通り、バランスよく分散された商品で、これを買えば前述の４種類を網羅できます。

そのなかでも特にお勧めのものをここで紹介します。

まず、最初に挙げるのが、「世界経済インデックスファンド」（三井住友トラスト・アセットマネジメント）です。

そしてもうひとつ、「ｅＭＡＸＩＳ　バランス（８資産均等型）」（三菱ＵＦＪ国際投信）。

数あるバランス型の投資信託のなかでも、実績ある手堅い商品です。なにを買ったらいいかわからない方はぜひチェックしてみてください。

POINT

複数の投資対象を網羅する商品

資産運用は日本株式、日本債券、外国株式、外国債券の4種類が代表的。外国の債券や株式にも資産を分けることがポイントです。さらに国内外の債券と株式に分散させることにも大きな意味があります。債券と株式はつねに相反する動きをするからです。バランス型の投資信託なら、これひとつで複数の投資対象を網羅できます。

こんな便利なのがあるなんてすごいね

03

手軽で堅実な資産運用テクニック

次に目指すべきは インデックスファンド

市場の平均値と連動した投資信託

前ページでは、お勧めするバランス型の投資信託のメリットをご紹介しましたが、ここで2点を追記します。

それは、手数料がやや高めであること、国内と国外、株式と債券のバランス比率を自分で変えられないことです。

コストをできるだけ低く抑えたいと思う人や、もっと踏み込んだ運用商品を購入してみたいと考える人もいるでしょう。

そんな方々は「インデックスファンド」で資産運用をはじめてみてください。

インデックスファンドも、バランス型と同じ投資信託です。

インデックスとは市場の動向を示す指標や指数を意味し、日本株であれば日経平均やTOPIXと同様の動きになるよう組まれています。つまり市場全体の株価が上がればインデックスファンドの価値も上がり、市場全体の株価が下がればインデックスファンドの価値も下がるというわけです。

そして同じインデックスに連動するファンドの成績はほぼ同一という特徴があり、大きく儲かりはしませんが、とても手堅い投資運用といえます。

同じインデックスに連動するファンドの成績は大体同じ

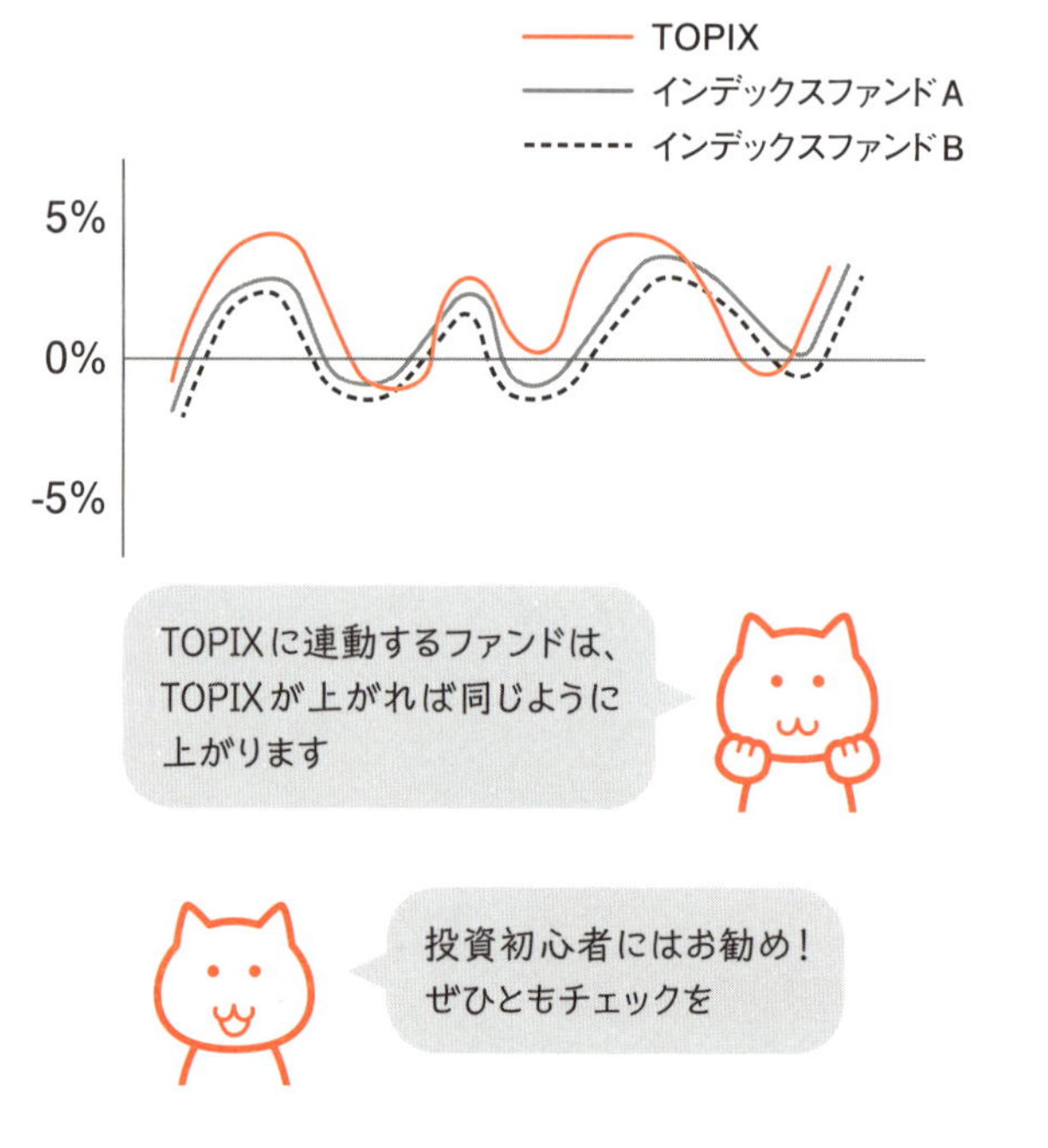
TOPIX
インデックスファンドA
インデックスファンドB
5%
0%
-5%
TOPIXに連動するファンドは、TOPIXが上がれば同じように上がります
投資初心者にはお勧め！ぜひともチェックを

運用成果に高い実績を持つ金融商品

もちろんインデックスファンドは初心者にもお勧めの商品です。

ひとつめの理由は、アクティブ運用を行っている投資信託で、インデックスファンドを上回る成果のものは極めて少ないということ。それほどインデックスファンドは継続的な運用成果を上げることが期待できる商品なのです。

　そればかりか市場平均値に連動しているという強みから、プロであってもインデックスファンドの運用実績にはかないません。

　派手な大儲けはできませんが、大損もなく、長期にわたってヒットを飛ばす堅実で安心できる商品といえます。

　次の理由はコスト。インデックスファンドはアクティブファンドと比較した場合、低コストというメリットがあります。

　しかもネット証券会社で販売されている商品のほとんどが、販売手数料ゼロのノーロードファンド。信託報酬が低いファンドが多いのも特徴です。

インデックス運用とアクティブ運用

	インデックス運用	アクティブ運用
投資者判断	なし	あり
運用目標	市場の平均的な収益を目指す	市場平均を上回る収益を目指す
投資できる商品	インデックスファンド、ETFなど	アクティブファンド、株式投資など
特色	分散投資でリスクが軽減されるが業績の変化に対する柔軟さに欠ける	ファンドマネージャーの腕次第。大きな損失を被ってしまうことも。
リスク	比較的小さい	比較的大きい
運用コスト	アクティブ運用よりも低い	調査費用や取引費用などが高い

資産運用の勝ち組に入りたいのなら

かの著名な大富豪の投資家ウォーレン・バフェットですら、「非常に低コストなインデックスファンドに投資すれば、同時期に投資をはじめた90%の人よりも良い結果を得るだろう」と、語るほどです。

　さて、インデックスファンドにも多くの商品がありますが、私がお勧めするのは次のふたつです。

・国内株式：ニッセイTOPIXインデックスファンド（ニッセイアセットマネジメント）

・海外株式：ニッセイ外国株式インデックスファンド（ニッセイアセットマネジメント）

　まずはこのふたつでインデックスファンドの運用を試してみてはいかがでしょうか？

POINT

バフェット氏も絶賛した運用成果

市場平均値に連動しているという強みでも運用実績にはかなわないインデックスファンド。かの著名な大富豪投資家ウォーレン・バフェットですら、「非常に低コストなインデックスファンドに投資すれば、同時期に投資をはじめた90%の人よりも良い結果を得るだろう」と語ったほど、運用成果が期待できる商品です。

うわあ、聞いてるだけで興味湧くよ

04
手軽で堅実な資産運用テクニック

配分比率を考えよう

資産運用においてもっとも大切なこと

ここまでに何度も触れましたが、資産運用においてもっとも重要なのは、投資リスクをできるだけ回避することです。

アメリカの大手資産運用会社バンガード社が、約40年におよぶ過去のデータを分析調査した興味深い研究報告があります。

それによると、毎月の投資成果であるリターン額の格差を決定づける最大要因は、アセットアロケーション、つまり資産の運用配分の比率だとしています。

しかも影響する確率は、じつに77%という高い数字。投資で成功するためには、まずアセットアロケーションを考えるべきだと、プロ中のプロが証言しています。

つまり、アセットアロケーションを念頭においた資産運用をすれば、高確率で成功を収められるということです。

月々の投資額が増えてきたら

家計をしっかり管理できるようになったり、収入が増えたりして、より多くのお金を投資に回せるようになったら、月々の投資額を少しずつ増やすことを考えてみてください。

投資額が増えれば得られる利益も大きくなる可能性があります。しかし、そのような際に注意していただきたいことがあります。まとまった額の投資は、必ず余裕資金の中から出すようにしてください。投資額が増えるということ

資産運用で成果を出す3つのポイント

① 銘柄の選択

今後、伸びそうな銘柄選びを心がけよう!

② 投資のタイミング

安く買えるタイミングや時期を予想する。

③ 配分比率（アセットアロケーション）

資産を定期的に見直すことが重要。

分散投資が身を助ける

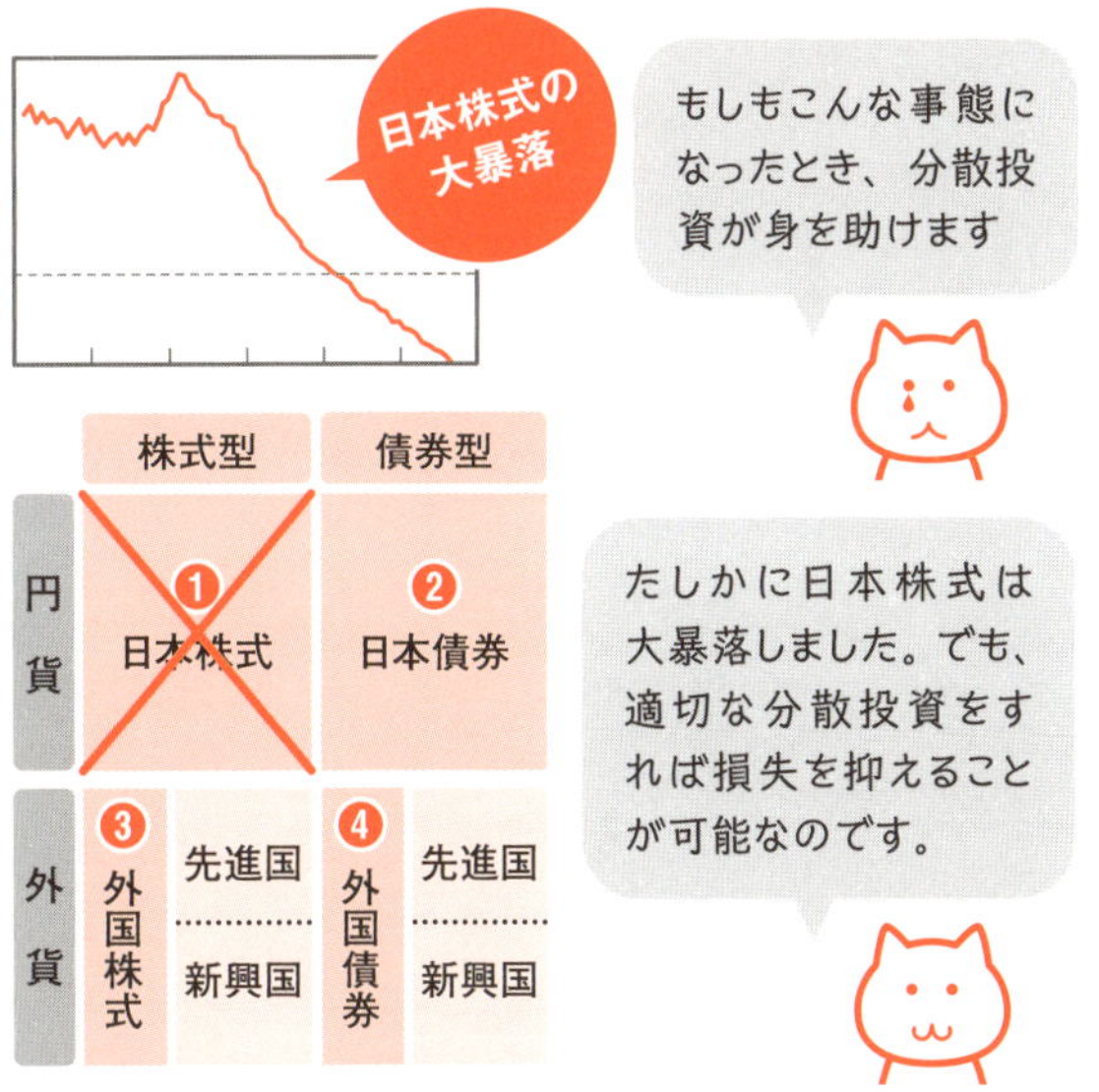
日本株式の大暴落
もしもこんな事態になったとき、分散投資が身を助けます
株式型
債券型
円貨
外貨
①日本株式
②日本債券
③外国株式
先進国
新興国
④外国債券
先進国
新興国
たしかに日本株式は大暴落しました。でも、適切な分散投資をすれば損失を抑えることが可能なのです。

日本株式だけに投資をしたら10割の損失。
適切な配分比率（アセットアロケーション）で分散投資を行えば、最大損失を2割程度に軽減！

は、それだけリスクが大きくなるということであり、仮に損失が発生しても生活に影響が及ばないようにしておく必要があります。

それから、まとまった額での投資を行う際にも、リスクを分散させるようにしてください。

まとまったお金を手にすると、ハイリスク・ハイリターンな商品に一気につぎ込んで利益を得ようとする人が多いのですが、絶対にやめましょう。

ちなみに私は、一回の投資で動かすお金の上限をあらかじめ決めており、同じ銘柄の投資信託ですら何度かに分けて買うことがあります。

資金に余裕があろうとなかろうと、投資に慣れていようといまいと、大切に貯めたお金を投資するのですから、できるだけ慎重に行動しましょう。

分散により損失を2割まで回避可能に

資産運用の配分比率を考えていれば、一極集中型で起こりうるリスクは回避できます。

外国株式や外国債券にも資産を分散させることで、最大損失を2割程度にまで抑えられます。

2割といえど大きなダメージですが、それでも十分にリカバリーが可能なレベルです。

日本株式への投資は耳に馴染みのある銘柄が多いだけに親しみやすいのですが、それだけで手を出すことにはリスクが伴います。外国株式や外国債券にも投資の枠を広げてリスクを分散しましょう。

一極集中型の投資はもはやギャンブルです。リスクを最大限に減らして、コツコツと資産を増やすのが賢い運用方法ですよ。

POINT

結果を重視する投資で資産を分散

資産運用で重要なのは、投資リスクをできるだけ回避すること。家計をしっかり管理できるようになったり、収入が増えたりして、より多くのお金を投資に回せるようになったときこそ注意が必要です。しっかり配分比率を考え、日本株式だけでなく外国株式や外国債券にも積極的に資産を分散し、一極集中型で起こりうるリスクを回避しましょう。

分散してリスクを回避

05

手軽で堅実な資産運用テクニック

リスクを意識しつつ適切な分散投資を行おう

分散投資の比率を具体的に把握する

分散投資による資産損失の回避については、すでに解説してきました。

相場でつねに価格が変動していく金融商品を購入して利ざやを稼ぐということには、つねに元本が割れてしまう危険が伴います。

そういったリスクに関しても、繰り返し触れています。

では、ここでいよいよ、具体的な資産配分の比率についてお話を進めていきます。

運用上の資産配分の最大のポイントは、株価のリスクと為替のリスクをそれぞれどの程度にするかという問題に絞り込まれます。

分散投資のイメージは、株式型と債券型があり、それぞれ円貨建てと外貨建てでの運用が可能です。

投資における標準的な資産配分のセオリーは次の通り。

まず、株式型と債券型の資産を全体構成比の80%、その他の資産を残り20%にします。

そして株式型資産の比率を資産全体の40%、外貨資産の比率もまた40%にします。

この比率を守れば、相場が混乱するほどの世界的な暴落が起きようとも、大損失を回避することができます。

「リスクを回避するには資産を分散することが大事」と覚えておきましょう。

分散投資のイメージ

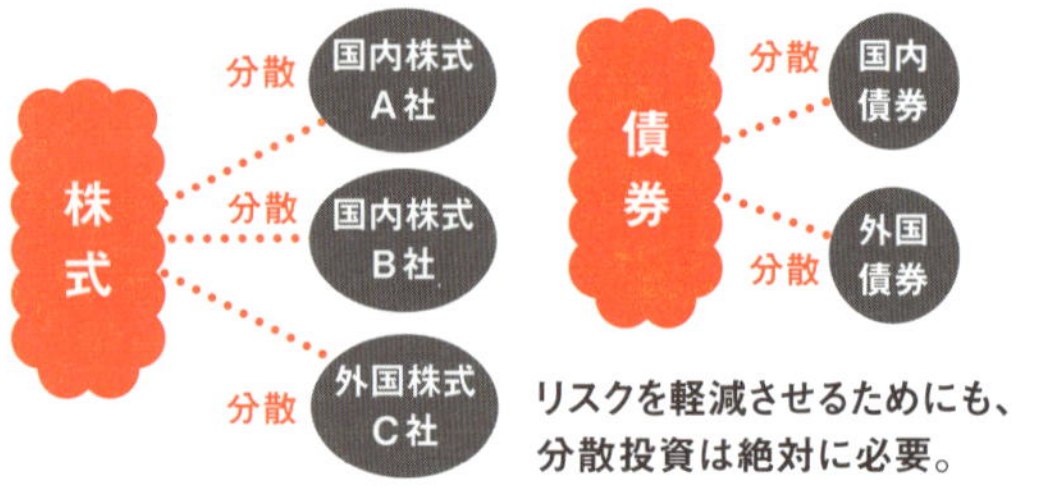
株式
分散
国内株式 A社
分散
国内株式 B社
分散
外国株式 C社
債券
分散
国内債券
分散
外国債券
リスクを軽減させるためにも、分散投資は絶対に必要。

4つの規準により投資先を分散

さらに分散には4パターンの派生があることを頭に入れておきましょう。

まずは『資産』の分散。資産を現預金、株式、債券、不動産などに分けます。『通貨』の分散は、円、米ドル、ユーロなどのバリエーションで、為替のリスクに備えます。『国』の分散では、日本、アメリカ、イギリスなど先進国と新興国で、外国株式や外国債券を分けるという選択肢があります。

最後に『時間』の分散です。これは短期、中期、長期など、運用期間を表します。

セルフオーダーの分散投資を目指す

資産運用においてさらにリスクを抑えるには、株式の比率と外貨

知っておきたい4つの分散

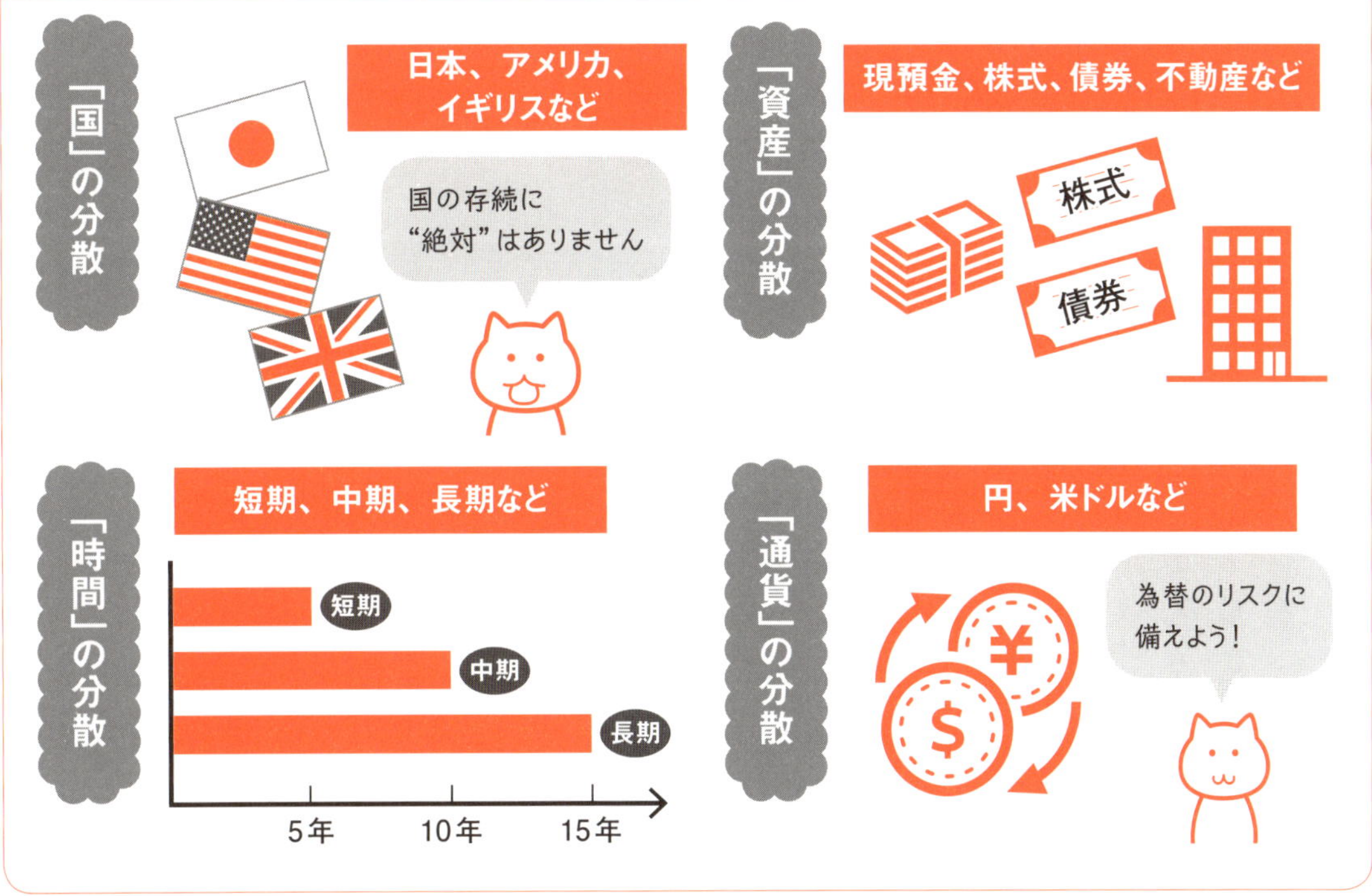
「国」の分散
日本、アメリカ、イギリスなど
国の存続に“絶対”はありません
「資産」の分散
現預金、株式、債券、不動産など
株式
債券
「時間」の分散
短期、中期、長期など
短期
中期
長期
5年
10年
15年
「通貨」の分散
円、米ドルなど
¥
$
為替のリスクに備えよう！

の比率を低くしていくことです。ただし、リスクを回避していくごとにリターンもまた小さくなっていくという原則をお忘れなく。

お金をたくさん儲けるということには、それなりのリスクが伴うものなのです。

ところで、76～77ページでバランス型の投資信託について触れましたが、分散投資をシビアに考える中級以上の投資家にとっては、メリットばかりではないことをご理解ください。なぜならバランス型ファンドはひとつの投資信託商品に、株式、債券、不動産、外貨資産といった複数のアセットクラスが「おまかせ」で盛り込まれているからです。大きな資産がある場合、ひとつのパターンに押し込めるには限界があります。

投資信託の運用に慣れてきたら、自分なりのイメージで組み合わせ、より理想的な分散投資を目指しましょう。

POINT

万が一の相場の大暴落に備える

投資における標準的な資産配分のセオリーは次の通り。まず、株式型と債券型の資産を全体構成比の80％、その他の資産を残り20％に。そして株式型資産の比率を資産全体の40％、外貨資産の比率もまた40％にします。この比率を守れば、相場が混乱するほどの世界的な暴落が起きようとも、大損失を回避することができます。

ふーん、こんなやり方をするんだね

06

手軽で堅実な資産運用テクニック

投資信託は一括でなく積立で!

タイミングの判断が難しい投資での売買

投資で儲ける基本原則。

それは売買のタイミングにあります。つまり、安いときに買って、高いときに売る。単純ですが、その繰り返しでいいのです。

しかし、売買の好機を正確に予測できる人はいません。最高値のタイミングも最安値のタイミングも、プロの投資家ですら判断しづらい未知のものです。

多くの投資家はいつが買い時か、あるいはいつが売り時かを思案しながら投資しています。

とはいえ、売買のタイミングにはどれだけ考え抜いたところで確実な答えなど見当たりません。

特に投資初心者にとっては、見当のつかないことでしょう。

売り時がわかれば誰もが利益を得られますが、そもそもタイミングを見計らうには労力もいるし、少々手間だったりもします。

魔法のように便利なドルコスト平均法

そこで初心者にお勧めしたいのが、積立投資という仕組みです。

給与天引きの積立と同じ要領で、毎月定額を引き落として投資信託に投資していくことです。

じつはこの積立投資を利用すると、先に触れた売買のタイミングを気にすることなく、効率的な買い付けが可能になります。

ドルコスト平均法という方法で、定期的に積み立てていくだけで平均購入コストを引き下げる効果があるのです。

単純にいえば、安いときに多く買って購入平均値を下げるテクニックです。

日本株を例にして説明します。

ドルコスト平均法

		ドルコスト平均法(毎月10,000円買付)		通常の方法(毎月20株買付)	
	株価	購入株数	購入金額	購入株数	購入金額
1月	¥500	20株	¥10,000	20株	¥10,000
2月	¥800	12.50株	¥10,000	20株	¥16,000
3月	¥300	33.33株	¥10,000	20株	¥6,000
合計		65.83株	¥30,000	60株	¥32,000

ドルコスト平均法
なら値段も安く
株数も多い!

前頁の表組をご覧ください。日本株にふたつの方法で投資した場合を比較したものです。

毎月1万円ずつ定額購入するパターンと、毎月20株ずつ購入するパターンが比べてあります。

ドルコスト平均法を使った定額購入の場合、株価が変動すると自動的に購入株数が調整されます。

3ヶ月後の結果は、金額を固定したドルコスト平均法のほうが、保有株数が多く、かかった費用は低くなっています。その理由は株価が高いときに少なく、逆に株価が安いときに多く買うことで、購入単価を下げられるからです。

とても便利な積立投資
投資信託
¥10000
1月
投資信託
¥10000
2月
投資信託
¥10000
3月
投資信託
¥10000
4月
投資信託
¥10000
5月
積立であれば自動で引き落としされるのでいつの間にか資産が増える
こんな人にこそ積立投資が向いている
今月、購入するのを忘れてしまった
忘れっぽい人
今月のお給料、全部使ってしまった
散財してしまう人

このようにして、ドルコスト平均法で継続購入することでリスクが分散され、資産が増える可能性が高くなるといえます。

至れり尽くせりのメリットばかり

個人投資家の一般的な心理としては、株価が高くなると買いたくなり、株価が低くなると売りたくなるというように、いわば投資実践法の真逆に動きがちです。投資信託の積立投資なら、そういった突発的な値動きに対する人間心理を未然に防ぐことができます。

また積立投資では自動引き落としで投資信託の購入費に回されるため、いつの間にか資産形成が進むというメリットもあります。

散財してしまう人や、忘れっぽい人など、うっかりした人にはぜひお勧めです。

POINT

弱い人間心理をカバーしてくれる

個人投資家の一般的な心理としては、景気が良くなって株価が高くなると買いたくなり、景気が悪くなって株価が低くなると売りたくなるなど、いわば投資実践法の真逆に動きがち。投資信託の積立投資なら、突発的な値動きに対する人間心理を未然に防ぐことができます。自動引き落としでいつの間にか資産形成ができるのも◎。

こりゃいいことを聞いちゃったなあ

07

手軽で堅実な資産運用テクニック

リバランスはあまり考えなくてもよい

投資は長期継続して行うことが大切

資産運用において注意すべきは、投資に熱を入れすぎて、没頭しないこと。「あまり手間をかけない」くらいがちょうどいいと思ってください。というのも、資産運用の基本的な考え方とは、

・仕事をしながら長期的に資産をゆっくり形成していく
・最初は少額からリスクを分散した堅実な運用を心がける
・専業のプロになるわけでないので、ほどほど頑張ればよい

というような感じです。

けれども忘れてはならない重要なことがあります。それは長期にわたって安定継続していくこと。

途中で飽きたり、嫌気が差したりして、せっかくはじめた資産運用を目標達成前に投げ出すほど、無意味なことはありません。

定期的に資産状況をモニタリングで

それでも投資を継続していく限り、最低限やらなければならない軽いひと手間があります。それがモニタリングと、リバランスです。

モニタリングとは、いわば資産運用のメンテナンスのひとつと捉えてください。例えば、前項で解説したドルコスト平均法に基づく積立方式によって、継続的に資産を追加しているとします。

その際、3ヶ月に1回は、積み立てた資産を見直しましょう。

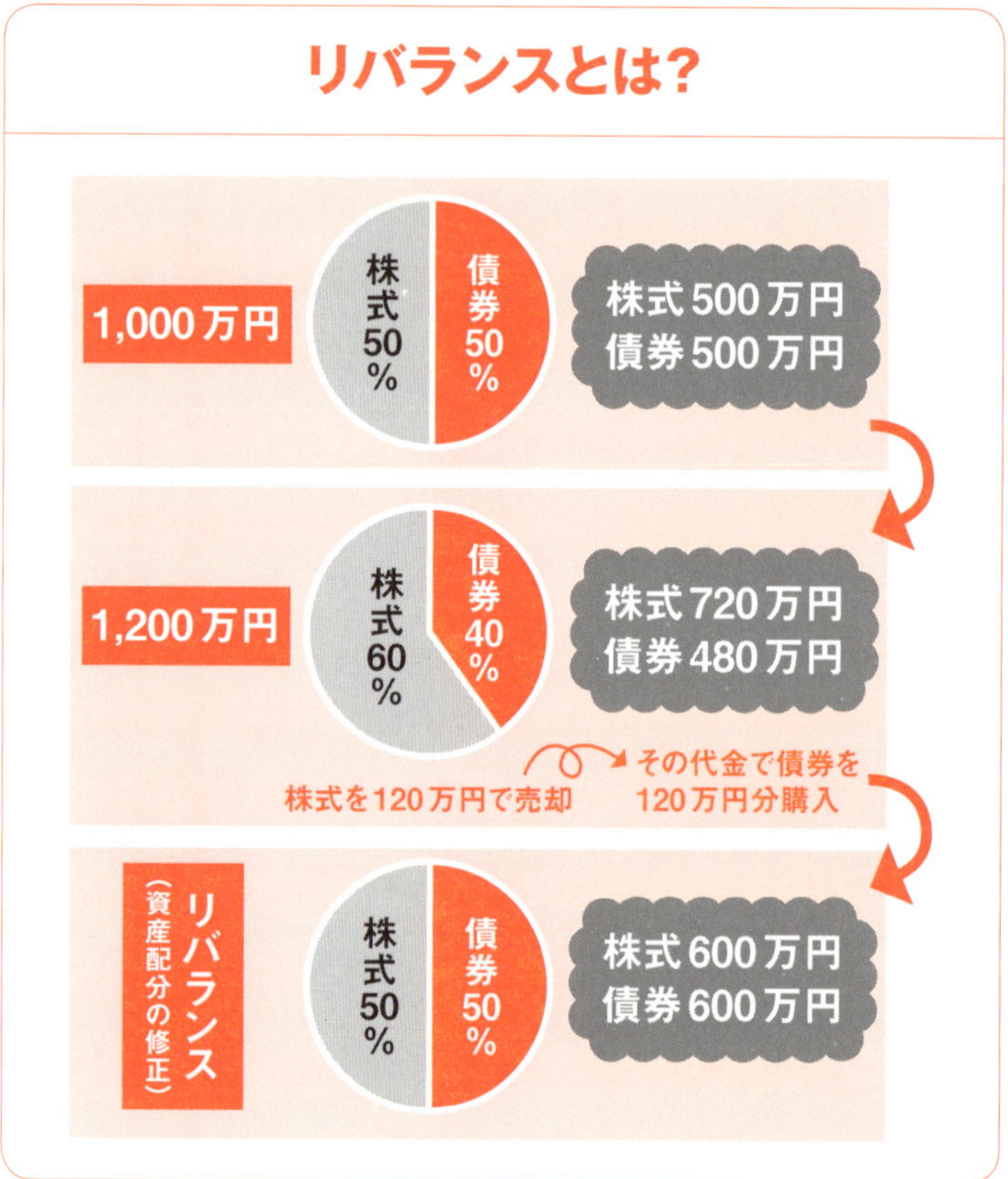

リバランスとは?
1,000万円
株式50%
債券50%
株式500万円
債券500万円
1,200万円
株式60%
債券40%
株式720万円
債券480万円
株式を120万円で売却
その代金で債券を120万円分購入
リバランス（資産配分の修正）
株式50%
債券50%
株式600万円
債券600万円

なぜ3ヶ月に1回かというと、同じタイミングで証券会社からその期間の取引残高報告書が送付されてくるからです。エクセルなどの表計算ソフトを使い、保有する資産の時価総額や銀行の残高などを入力し、日付入りで記録しておけばいいでしょう。

ここでも先ほど書いたように、あまり手間をかける必要はありません。要は資産運用の成果に対して定期的に向き合うことでモチベーションを維持させ、今後もきちんと継続していけるよう自分自身の意識を高めるためのものと考えてください。

神経質になって一喜一憂しないこと

資産運用におけるメンテナンスにリバランスがあります。

債券や株式に長期投資していくと、時価の変動によって本来あるべき配分比率が崩れてきます。

その際、比率の大きくなったものを売却し、小さくなったものを購入し、本来あるべき配分比率に修正するというもの。これがリバランスです。原則は年に一度着手すべきですが、頻繁にやればよいというわけではありません。

なぜなら売買の度に手数料などコストが発生するからです。特に投資信託を積立している場合は、ドルコスト平均法によっていずれバランスは平均化されます。

一時的な値上がりや値下がりに一喜一憂するのが時間のムダであるように、わずかなバランス差を気にしすぎる必要はありません。

熱を入れすぎず、あまり手間をかけないくらいでいいのです。

投資というのは、そのくらい「ずぼら」でも問題ありません。

モニタリングは3ヶ月に1回が目安

一時的な値上がりや値下がりで
一喜一憂するのは時間とエネルギーのムダ!

3ヶ月に1回くらいがちょうどイイ!

投資は手間をかけたからといって
100%うまくいくとは限りません。
モニタリングはそこそこに、
長期的な視野に立ちましょう。

POINT

メンテナンスは
ほどほどの具合で

資産運用は「あまり手間をかけない」くらいがちょうどいい。それでも資産のメンテナンスは大切。3ヶ月に1回は、自分が積み立てした資産を見直しましょう。それともうひとつ、リバランスはあまり重要ではありません。一時的な値上がりや値下がりに一喜一憂するのは時間のムダ。わずかなバランス差を気にする必要はありません。

投資では手数料を意識しよう

ムダな支出はとにかく抑えよう

資産運用をスタートさせるなら、コスト意識を持ちましょう。

お金を扱ってお金を増やすわけですから、1円だってムダにせず、とにかく支出は抑えたいという心構えを持つべきです。

そのため、確実に発生する費用の「手数料」の種類と特徴について知っておく必要があります。

3種類の手数料を理解しておくこと

次頁の表組「手数料の種類と特徴」にありますように、証券会社や銀行に支払う委託手数料には、販売手数料、信託報酬、信託財産留保額の3種類があります。

まず販売手数料は、株式などを購入したりして取引を行った際に発生する費用です。購入価格に対して一定の料率をかけた料額が一般的となっています。

例えば10万円までの売買金額であれば80円、50万円までは180円というように、取引金額によって変動します。

信託報酬は、投資信託の運用および管理に対する報酬です。年率をもとに日々差し引かれる料金となります。

信託財産留保額は、投資信託の売却時に発生する手数料となります。商品や証券会社によっては発生しない場合もありますので、口座を開設する前に調べておくといいでしょう。

同じような投資信託でも商品によって手数料が違ってくるというのは、なんだか不思議な気もしますが、投資の世界ではもはや常識。情報収集と賢い選択こそが、上手な資産運用につながります。

委託手数料の仕組み

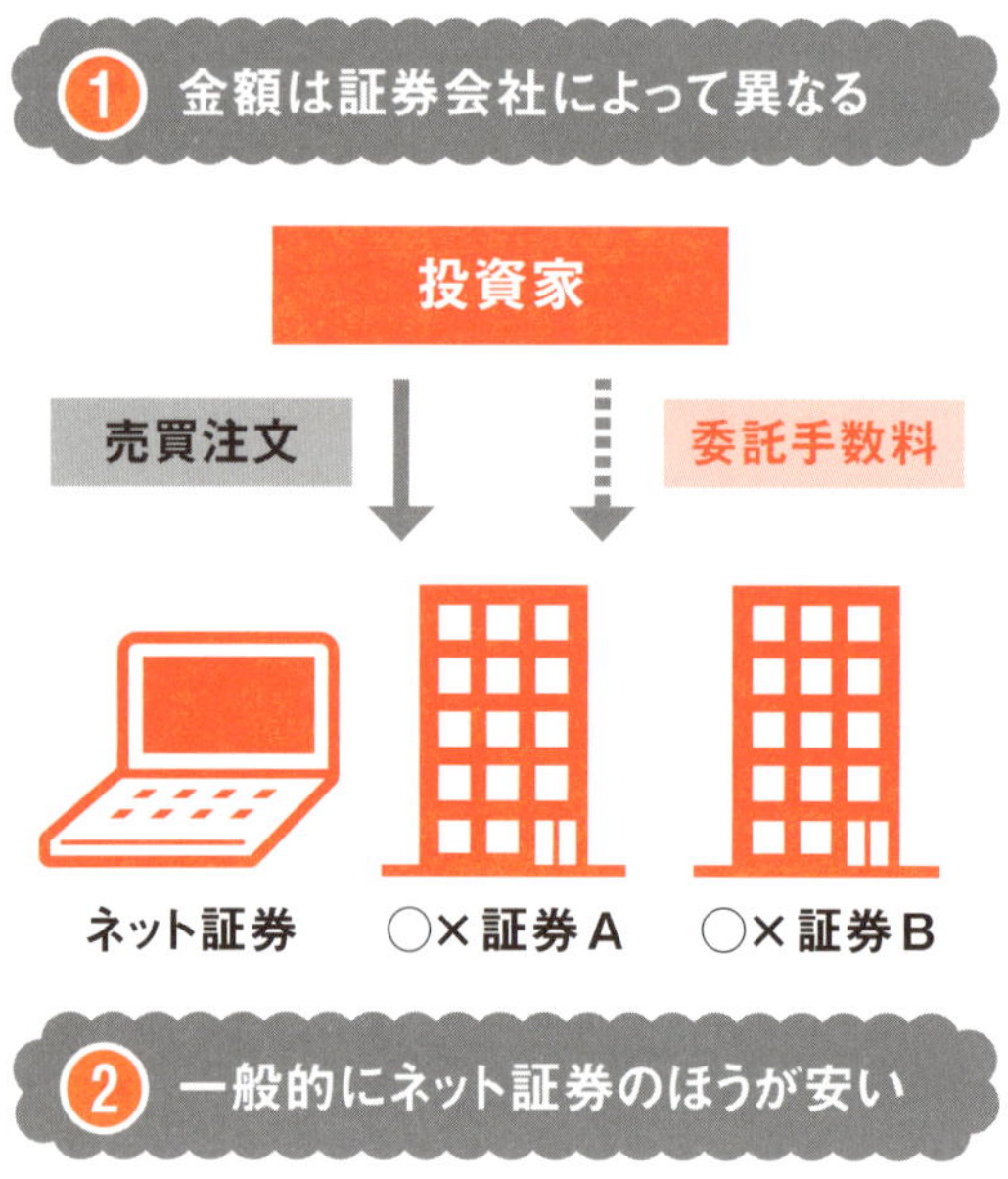
1 金額は証券会社によって異なる
投資家
売買注文
委託手数料
ネット証券
○×証券A
○×証券B
2 一般的にネット証券のほうが安い

ネット証券のほうが低コストで手軽

証券会社に支払う委託手数料の金額はかつて一律横並びでしたが、1999年の自由化以降、各社が自由に設定できるようになり、またインターネット取引が行えるネット証券が普及したことで、一気に低廉化が進みました。

現在、証券会社の株式売買手数料は本当に千差万別です。

一例を挙げますと、野村證券や大和証券といった大手証券会社で日本株を50万円分購入した場合、一番高いプランだと6500円(税抜)支払わなければなりません。

対してネット証券会社の場合だと、同額を取引しても一番安いプランなら、たった180円。その差はなんと36倍になります。

大手証券会社の営業担当者にアドバイスを受けながら取引する対面売買がもっとも高額です。

かつてネット証券は、手数料が安いかわりに情報提供やサービスがないといわれていました。

それゆえに手数料の安さで勝負していたわけですが、インターネットの爆発的普及とともに人気がアップし、各種サービスや商品も非常に充実してきています。

現在では個人投資家による株の売買の約9割がネット証券会社を通じて行われているほどです。

手数料や時代性を考え、これから口座を開く方は、ネット証券会社をチェックしてみましょう。

手数料の種類と特徴

手数料の名前	手数料の特徴
販売手数料	購入の際に証券会社や銀行などに支払う手数料。購入金額に対して一定の料率をかけた金額が一般的となっている。
信託報酬	投資信託の運用および管理に対する報酬で、年率をもとに日々差し引かれる料金。
信託財産留保額	投資信託の売却時に発生する手数料。販売元や投資信託によって費用がかからない場合もある。

投資信託によって
それぞれかなりの
差があるので要注意！

POINT

大きく違う大手系とネット系

証券会社や銀行に支払う委託手数料には、販売手数料、信託報酬、信託財産留保額の3種類があります。大手証券会社で50万円分の株を購入した場合、一番高いプランだと6500円支払わなければなりません。対してネット証券会社の場合だと、たった180円。これから口座を開く方は、まずはネット証券がお勧めです。

こんなに違うなんて
驚きだよね

09

手軽で堅実な資産運用テクニック

途中解約のペナルティ

支払ったお金は投資信託の財産に

引き続き、コスト意識に関するテーマで話を進めます。

資産運用にお勧めの投資信託ですが、運用期間中に解約を申し込むと手数料として、前項で触れた信託財産留保額が費用として発生します。これは中途解約手数料のようなもの。金額は通常、元本に対して0・1〜0・5%程度に設定されています。

この信託財産留保額は、販売手数料や信託報酬と異なり、運用会社や販売会社の収入となるものではありません。

解約するときに支払うお金は、投資信託財産としてファンドのなかにそのまま残されます。すなわち、その投資信託を保有し続ける投資家の財産となるものです。

つまり、解約する人にとっては悩みの種でも保有者にとってはプラスに作用します。

手数料をカバーし公平を図るため

投資信託は、たくさんの投資家からお金を集めて、国内外の有価証券や金融商品、不動産などに投資する仕組みが取られています。

株式を取引する際、個人投資家が証券会社に売買手数料を支払うのと同様、投資信託が株式などを売買する場合も証券会社に手数料を支払わなければなりません。

投資信託を解約する人がいると、その解約者にお金を支払うため、投資信託は持っている株式や債券を売却する必要があります。

信託財産留保額の仕組み

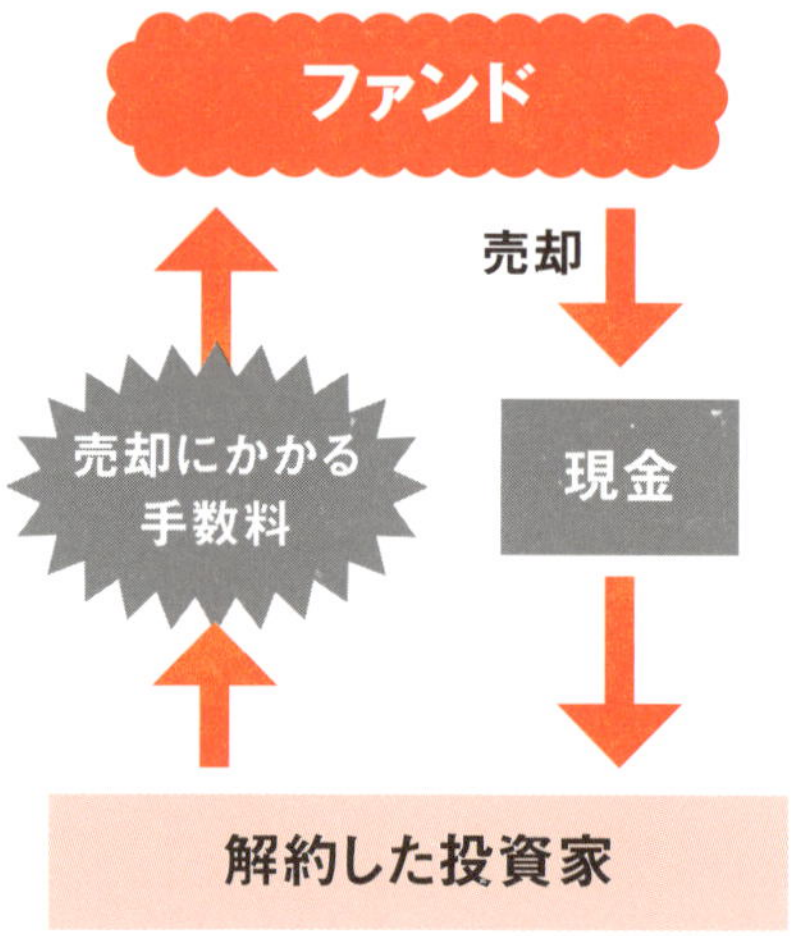

投資信託は買うときも売るときも手数料がかかります。
（※手数料がかからない投資信託も一部あります）

もちろん、売却の際は手数料がかかります。大きな金額の解約になると、組んでいるポートフォリオをひとまず崩し、建て直す必要が生じる場合もあります。

　このように、解約する人のせいで、投資信託がコストを払ったりダメージを受けたりすることがあり、その負担は投資信託を保有し続ける投資家にかかってきます。それでは不公平が生じるため、解約する人に相応の金銭を残してもらい、公平を図るためのお金が信託財産留保額なのです。

否定的な意味合いの手数料ではない

解約時にかかる信託財産留保額には、投資信託を繰り返し売り買い（短期での回転売買）されると、運用の安定性を保つことが難しくなるため、抑止策としての性質も備わっています。

　ただ最近では信託財産留保額がかからない投資信託も出てきました。また、商品によって料率はすべて異なります。

　保有期間によって短期解約は有料、長期運用なら無料となるケースもあります。

　信託財産留保額があるからといって、その商品が運用に不利というわけではありません。解約時に支払ったお金は、前述の通り、投資信託の純資産に加えられます。多くの投資家が解約した場合、純資産はどんどん増えます。

　つまり、解約しなかった投資家にとって、信託財産留保額はプラスになるわけです。決してネガティブな意味合いの手数料ではありません。特に中長期で投資する際には、一定の信託財産留保額はあったほうが良いといえます。

信託財産留保額がファンドの価値を上げる

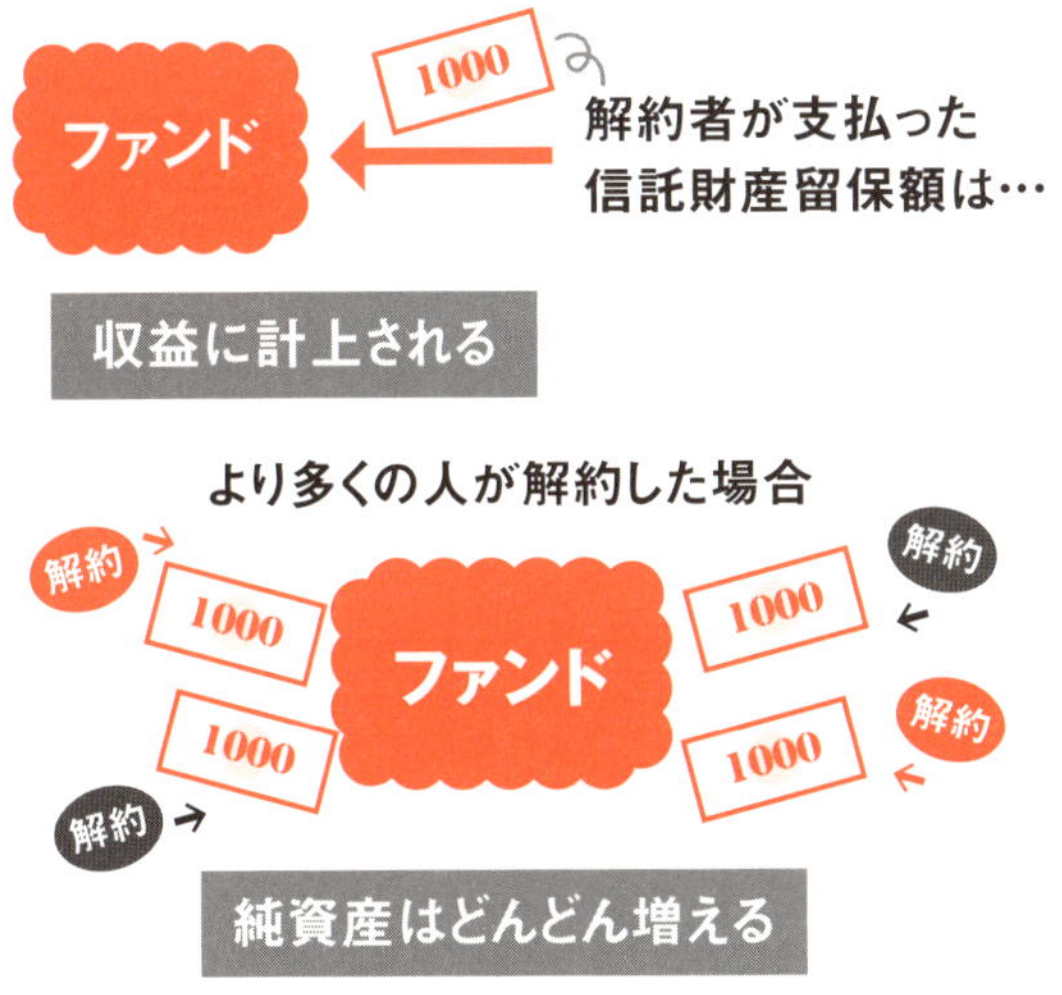
ファンド
1000
解約者が支払った
信託財産留保額は…
収益に計上される
より多くの人が解約した場合
解約
1000
ファンド
1000
解約
1000
解約
1000
解約
純資産はどんどん増える

基準価値が上昇するので長期保有する人にとっては、決してネガティブな意味合いの手数料ではありません。

POINT

投資家に還元するという発想が大切

投資信託の運用期間中に解約すると信託財産留保額と呼ばれる費用を支払う必要があります。金額は元本に対して0.1～0.5％程度。このお金は投資信託の純資産に加えられます。もし多くの投資家が解約した場合、純資産は増加します。つまり解約しなかった投資家にとっては、決してネガティブな意味合いの手数料ではありません。

よく考えられた仕組みだと思うよ

10

手軽で堅実な資産運用テクニック

毎月カードで積立投信

クレジットカードを使うメリットとは？

投資信託の積立投資は自動引き落としで購入費に回されるため、いつの間にか資産形成が進むというメリットがあることを前に解説しました。通常は銀行口座から現金が引き落とされるのですが、じつはクレジットカードを利用した積立投資ができる証券会社があるのをご存知でしょうか？

あえてクレジットカードが選択できるということは、当然ユーザーにとってはメリットです。

ちなみにクレジットカードに対応している証券会社は、楽天証券とマネックス証券の2社のみです（2017年10月現在）。

通常のカード払いとは異なるシステム

2社ともに共通しているのは、クレジットカードならどれでも対応しているわけではないということです。対象カードが制限されているので、対応しているクレジットカードを保有していなければ、新たにカードを作る必要があるのでご注意ください。

しかもクレジットカード払いとはいえ、実際はカード会社からお金を一時的に借りて購入する、いわゆる通常のカード払いとは違う点にも理解が必要です。

ポイントが貯まる証券会社

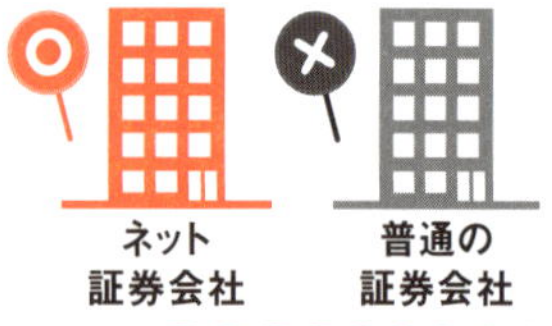

※ポイント付与の条件は各社によってさまざま。期間限定のところもあるので注意。

ネット証券は手数料の低さだけでなくポイントによるサービスも魅力

では、どういうことか？

クレジットカードによる投資信託の積立は、支払い用に登録してある自分の銀行口座からの資金の引き落としが先にあって、後日、証券会社にて積立が行われるという流れになっています。

そうです。クレジットカードが一種の掛け売りで後日精算するのとは異なり、即時決済するデビットカードと同じシステムです。

それゆえにクレジット与信枠を使わないため、カード会社による立て替えが行われないのです。

当然、クレジットカードの利用ポイントも加算されません。

最大の長所は手軽でスピーディであること

では何のために、わざわざクレジットカードを使って投資信託の積立をするのか？

そのメリットがどこにあるのかというと、スピーディかつ手軽に積立の設定をネット上で完結でき

カード会社による立て替えではない

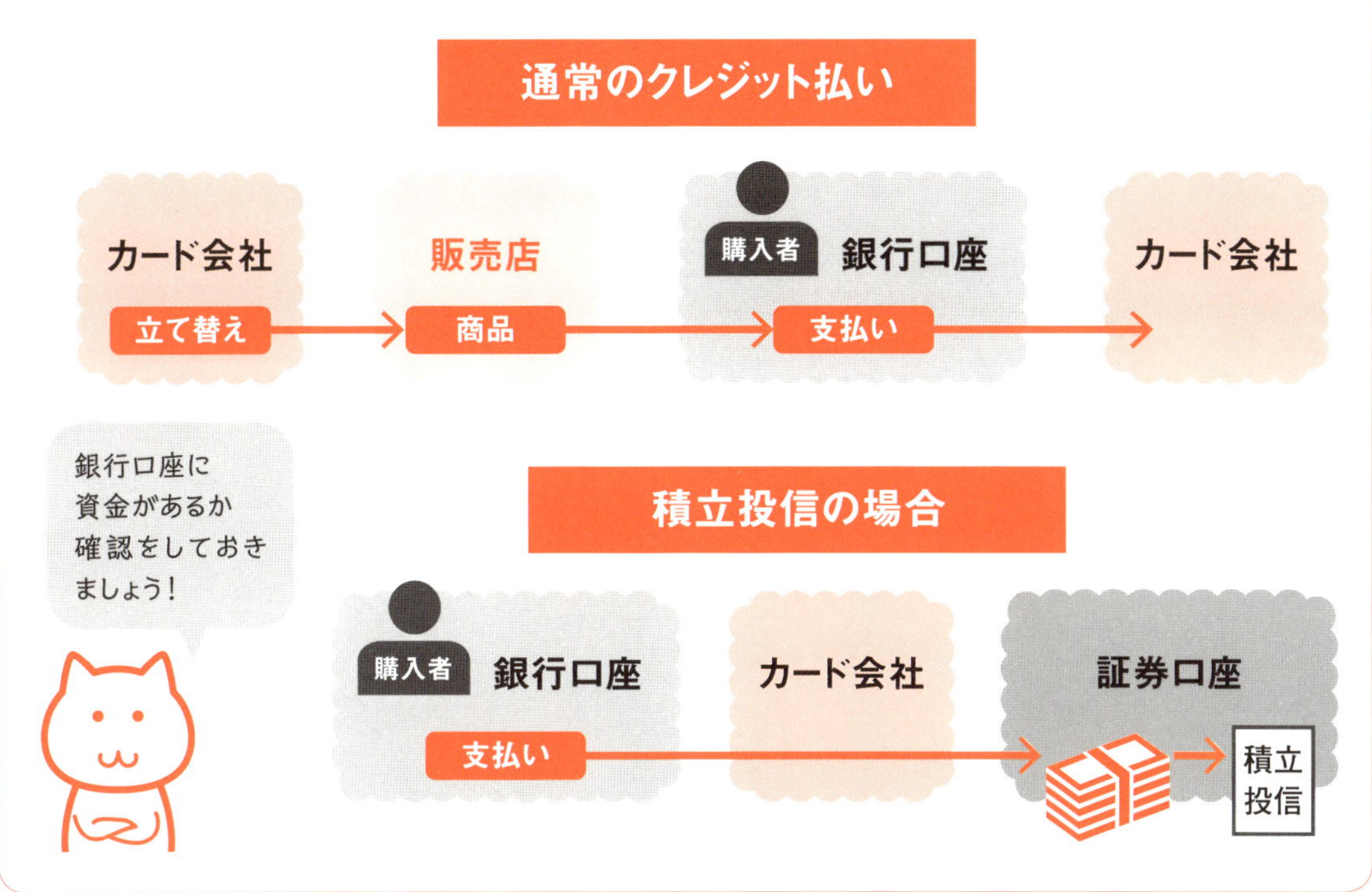
通常のクレジット払い
カード会社
立て替え
販売店
商品
購入者
銀行口座
支払い
カード会社
銀行口座に
資金があるか
確認をしておき
ましょう！
積立投信の場合
購入者
銀行口座
支払い
カード会社
証券口座
積立
投信

ることでしょう。

銀行口座からの引き落とし手続きには書面に必要事項を記載して捺印するなど手間と時間を要します。が、クレジットカードによる積立の場合、カード番号を入力するだけで完結します。

面倒な手続きを省略して、気に入った投資信託が見つかれば、すぐにスタートできるわけです。

さらにカードによる積立なら、証券会社のポイントサービスが優遇され、購入時の手数料の値下げ幅が大きくなります。

けれども注意点もあります。

銀行口座の残高が決済金額より1円でも不足していると積立できません。

同じような投資信託でも商品によって手数料が違ってくるというのは、本書88ページでもご説明しましたが、投資の世界では多々あります。情報収集と賢い選択を心掛けましょう。

POINT

面倒な手続きなし 即座にスタート

クレジットカードを利用した積立投資ができる証券会社があるのをご存知ですか？メリットはスピーディかつ手軽に積立の設定をネット上で完結できること。クレジットカードによる積立なら、カード番号を入力するだけで完結します。面倒な手続きを省略して、気に入った投資信託を見つければ、すぐにスタートできるわけです。

こりゃ便利な
時代になったもんだ

11

手軽で堅実な資産運用テクニック

運用成績の良いインデックスファンド

手数料ゼロのノーロードファンド

世界経済が上向きの昨今（2017年現在）、資産運用のための商品として優れているのは、やはりインデックスファンドです。

本書78ページでも解説しましたが、インデックスとは市場の動向を示す指標や指数のことです。

日本株であれば日経平均やTOPIXと同様の動きになるよう組まれているため、マーケットが活況を帯びてくると、非常に有利となります。市場全体の株価が上がればインデックスファンドの価値も上がります。

そして同じインデックスに連動するファンドの成績は、ほぼ同一という特徴を持ちます。

アクティブファンドと比較した場合、低コストである点が魅力のインデックスファンドですが、選ぶ際の指標にすべきポイントは購入手数料や換金手数料のない、ローコスト運用が可能なノーロードファンドです。

とはいえ、実質的な運用にも目を向けることは重要なだけに、運用報告書は必ず読みましょう。

成果はファンドマネージャーの腕に

インデックスファンドは市場平均にきちんと連動して運用成果が出ないと意味がありません。

インデックス投資自体が成立しなくなってしまいます。

一般的に数あるインデックスファンドのうち、どれが優秀かを判断する場合、指標や指数のベンチマーク（基準）に対していかにぴったりと連動した運用成果を残せたかどうかを示す、乖離幅をチェックします。乖離幅が狭いほ

運用成績はファンドマネージャーにかかっている

ファンドマネージャーとは…
銘柄の選定
市場の調査
柔軟な対応
市場の分析
独自のノウハウ
すべてはファンドマネージャーの腕次第!

ど実質コストが低く、うまく運用できていることになります。

一方で、投資信託による運用成績は、投資家から集めた資金を実際に動かすファンドマネージャーの手にかかっています。

数あるなかからの銘柄の選定、マーケットの変動に応じた柔軟な対応、緻密に先の先を読む市場の調査、世界経済まで俯瞰した市場の分析、そしてこれまでの経験に基づいた独自のノウハウ。すべてはファンドマネージャーの手腕次第なのです。

投資初心者の方にインデックスファンドを強くお勧めする理由は、そこにあります。将来のためにしっかりと資産を増やすには、安心して資産を託せる人、つまりファンドマネージャーの力が必要となります。

長期継続こそが大きな成果を生む

市場平均値に連動する強みから、プロでもインデックスファンドの運用実績にはかないません。

低コスト、低リスクなうえ、少ない資金からスタートできる、初心者に適した運用商品です。

それゆえ初心を忘れがちですが、インデックスファンドへの投資の場合、成功するためにもっとも大切なのは、やめることなく投資し続けること。長期継続をすればするほど成功する確率がアップしていくということを、よく覚えておきましょう。

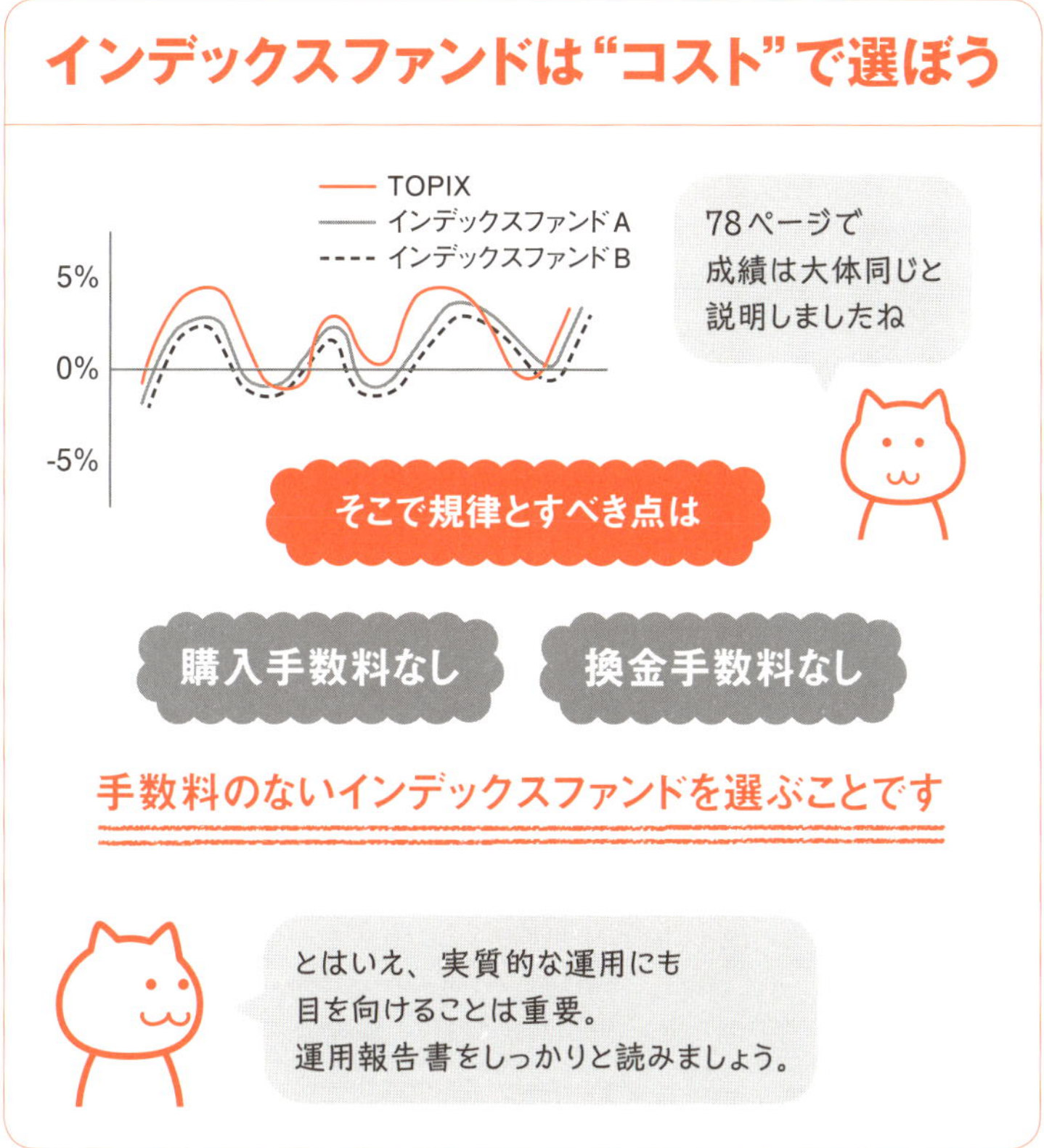
インデックスファンドは“コスト”で選ぼう
TOPIX
インデックスファンドA
インデックスファンドB
5%
0%
-5%
78ページで
成績は大体同じと
説明しましたね
そこで規律とすべき点は
購入手数料なし
換金手数料なし
手数料のないインデックスファンドを選ぶことです
とはいえ、実質的な運用にも
目を向けることは重要。
運用報告書をしっかりと読みましょう。

POINT

長期投資が成功をもたらす

アクティブファンドと比較した場合、低コストである点が魅力のインデックスファンド。選ぶ際の規律にすべきはポイントは購入手数料や換金手数料のない、ローコスト運用が可能なノーロードファンドであること。そしてインデックス投資を成功させるために大切なのは、長期継続して投資し続けること。それが成功の秘訣です。

まさに
継続は力なり、だね

投資デビューをするためのイロハ ④

POINT ①

投資信託の特徴として
合っているものはどちら？

A 最低10万円は必要

B 100円から
購入可能 ✔

POINT ②

バランス型投資信託の
3大メリット

①とにかく手間がかからない

②リバランスを考えなくてよい

③分散投資によって
リスクを減らすことができる

POINT ③

初心者に向いている
投資信託は？

A インデックスファンド ✔

B アクティブファンド

POINT ④

投資をするなら
便利な積立投資で！

投資信託 ¥ 1月
投資信託 ¥ 2月
投資信託 ¥ 3月

自動引き落としだから便利！

POINT ⑤

投資信託にかかる
3つの手数料

販売手数料 / 信託報酬 / 信託財産留保額

POINT ⑥

投資を申し込む際、
得なのはどっち？

A 普通の証券会社

B ネット証券会社 ✔

第5章

もっと資産を増やすためにすべきこととは?

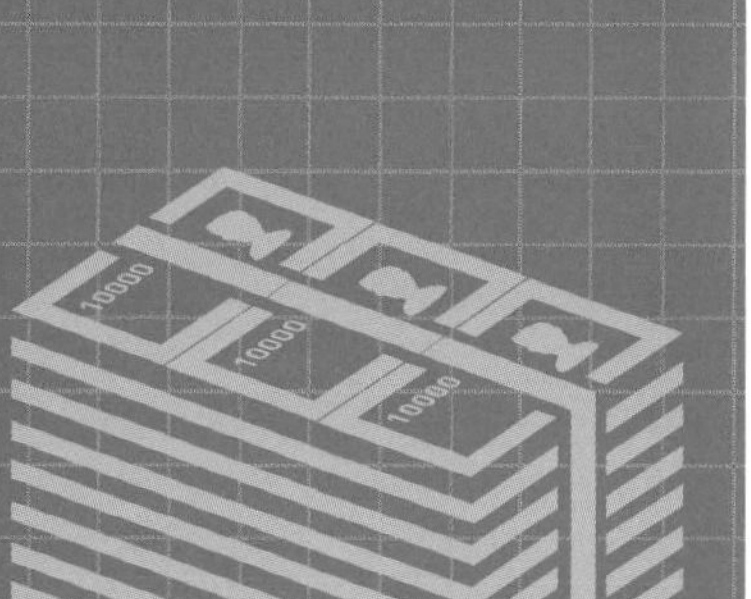

01

手持ちの資産をさらに増やす

資産運用は3段活用で

お金がお金を呼ぶ 投資の原理を知ろう

世の中、お金持ちにはお金が集まる、というニュアンスの話をたまに聞きますが、あながち的外れではないかもしれません。

資産運用や投資において、元本資金は多ければ多いほど、増やすための手段の選択肢が広がり、かつコストを下げられます。

そして資産が増えるペースと利率は絶えずアップしていきます。

いわゆる規模の経済、スケールメリットの原理が働きます。

一方、少額資本だと増やしていくのに長い時間を要するうえ、儲かる額が低く、投資の選択肢は限定されます。

それでも、自分はスタート資金が少ないから、と諦める必要はありません。

誰だって初めて投資をするときは少額からはじめ、長期間かけて辛抱強く取り組むものですから。

そうやって学びながら徐々に資金額を大きくしていくことで知らず知らずのうち、大きなお金を運用できるようになるのです。

資産金額に合わせ 3段階の運用方法

現実的な資産運用の手法として、3段活用でお金を増やしていくことを目標にしてみましょう。

資産がたまったら

まとまった金額があれば…

金融商品の選択肢が広がる ＋ 同じ商品でもコストが下げられる ＝ つまり、いまよりもっと資産が増える!

ステップ1では1年ほどの時間をかけて資産を育てます。

具体的には、低コストのインデックスファンドを組み合わせて、積立期間を分散させながら資産を積み上げていきます。

金額は1万～100万円までの範囲で考えましょう。

ステップ2で想定する金額は100万～1000万円。

この段階に入ったら、インデックスファンドに代替する金融商品への乗り換えを検討します。

具体的には、日本や外国の株式、債券、ETFやREITなどです。国内の証券口座だけでなく、海外の証券口座の開設も検討する方法もあります。

そして資産額が1000万円を超えたならステップ3へ。

不動産投資信託（REIT）の組み入れを検討し、さらなる資産の分散を図ります。

また、これらの資産運用はあくまで1つの手法であり、推奨しているわけではありません。大事に育てた資産が目減りしないようご

資産運用における3段活用

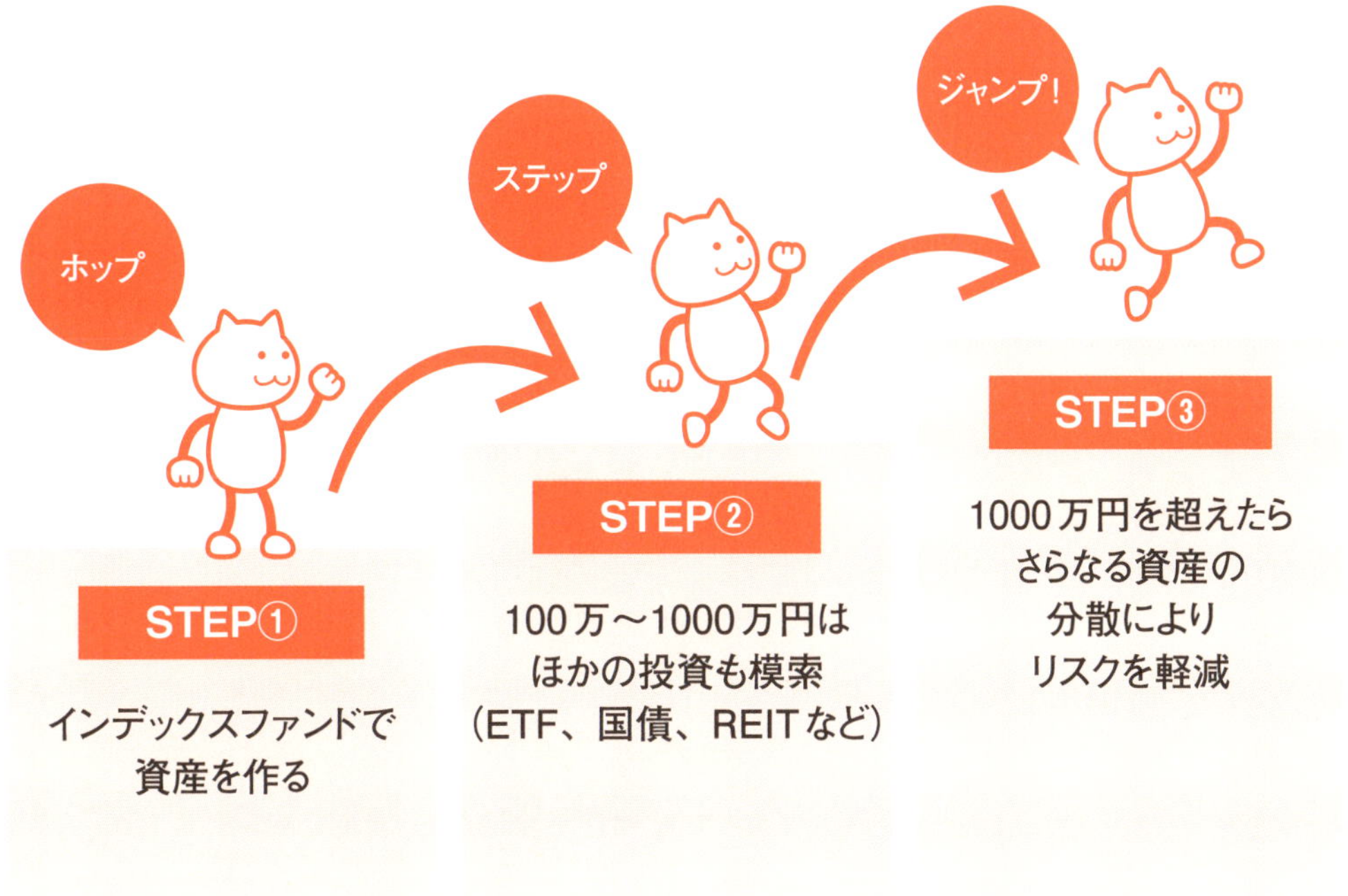
ホップ
ステップ
ジャンプ！
STEP①
インデックスファンドで
資産を作る
STEP②
100万～1000万円は
ほかの投資も模索
（ETF、国債、REITなど）
STEP③
1000万円を超えたら
さらなる資産の
分散により
リスクを軽減

注意ください。

このように資産を分散化することで、リスクを軽減しながら、日々の生活でストレスを感じないよう配慮することが大切です。

ロットが拡大してもリスクを避け慎重に

よくある資産運用の失敗例を挙げます。扱うロットが大きくなると、気持ちまで大きくなりがちで、投資が粗くなり、リスクを取ってしまいます。どれだけ財産を築こうとも徹底してリスクを避け、コスト意識を強く持ってください。

そして焦らず慎重に、無理をすることなくコツコツ実績を積み上げましょう。

そうすれば、おのずと資産は増えていきますし、失敗することはありません。

POINT

資金の額に応じた運用スタイルを

資産運用は3段階分けすると目的が明確になります。ステップ1は低コストのインデックスファンドを組み合わせ、1年を目安に資産を積み上げます。ステップ2は株式や債券など、投資信託に代替する金融商品への乗り換えを検討。資産額が1000万円を超えたらステップ3。さらなる資産の分散とスケールメリットの享受を図ります。

じっくり取り組む
ことが大切です

02

手持ちの資産をさらに増やす

1000万円未満の資産運用ガイド

基本は金融資産に分散投資すること

資産運用するにあたっての3段活用を前項で解説しました。

ここでは総資金が1000万円未満のケースを想定して、資産の配分比率や、お勧めの投資信託を紹介していきたいと思います。

資産額が1万～100万円未満の場合、基本的には現在手持ちの資産と、今後将来にわたって積立していく資産を合わせて分散投資することになります。

指標的な配分比率としては、

- 日本株式　20％
- 日本債券　20％
- 外国株式　20％
- 外国債券　20％
- 流動性資産とその他の資産　20％

※年齢、貯蓄額、リスクの許容度にもよります。

と、なります。先にお話ししたモニタリングによって3ヶ月に1度は必ずチェックしながら、この比率をキープしていきます。

コストへの配慮が大きな差異を生む

続いて、運用金額が100万円以上の場合について解説します。

資産が100万円を超えても、配分の比率や運用方法の基本的な考え方は変わりません。

ただし資産が増えてきたら、運用に関わるさまざまなコストについて、注視してみましょう。

まず、売買手数料や信託報酬を、商品や証券会社によって比較検討してみることが大切になってきます。

なぜならば、長期にわたって資産運用する場合だと、年間1％の差でも10年間運用すれば、10％もの差異が生じてしまいます。

1000万円未満の主軸はインデックスファンド

特にお勧めのインデックスファンド

- たわらノーロード（アセットマネジメントOne）
- ニッセイTOPIXインデックスファンド
- ニッセイ外国株式インデックスファンド
- eMAXISシリーズ（三菱UFJ国際投信）
- SMTインデックスシリーズ（三井住友トラスト・アセットマネジメント）

たかが1%と軽視しないように心がけたいところです。

そういった意味では、日本株式に、ETFを組み入れるのも選択肢のひとつです。

リターンは同じくらいだったとしても、コスト面で安くなる場合があるからです。

低いコストの投資方法に変更しよう
投資信託は「信託報酬」がネック
信託報酬
管理コスト
運用会社
運用結果
実質利益
投資者
そろそろ乗り換えだ！
JUMP!
手数料も信託報酬もお得ですよ
ETF
インデックスファンド

組み入れ商品変更でリターンの向上を

運用資産が500万円に増額されても、資産配分の比率や運用方法はやはり同じです。

つねにインデックスファンドによる分散投資が基本となります。

ただ可能であれば、組み入れ商品を差し替えることで、より一層のリターンを目指しましょう。一例として、インデックスファンドをアクティブ運用に変更するといったチョイスがあります。

市場平均を上回るパフォーマンスを目標とするファンドで、高い利益を狙おうというわけです。

けれどもアクティブファンドを活用する際は、やはりコストを強く意識しなければなりません。

アクティブ運用は、分析や情報収集などファンドマネージャーによる工数と時間を要するため、手数料が高額になるからです。

つねに利益とコストの両面を考え、商品を比較することです。

また、低コストを意識した運用の変更を考える場合は、ETFも選択肢のひとつとして、考えておきましょう。

POINT

コスト意識が資産の増減を握る

総資産が1000万円未満の場合、投資方法はインデックスファンドへの分散投資が基本です。ただし資産が増えてきたら、コスト面に注視すべき。年間1%の差でも10年の長期にわたる資産運用だと10%もの差異が生じてしまいます。リターンの向上を図るのであれば、細かな配慮が大切になってきます。

チリも積もればということだよね

03

手持ちの資産をさらに増やす

資産の運用方法は1000万円を区切りに変わる

選択肢が広がったら商品を替えて活用

ついに総資産が1000万円を超えたと仮定します。運用方法はいままでと変化させていきます。

大前提はコストを強く意識した運用であることに変わりはありません。が、選択肢が広がることで、インデックスファンドに代わる商品を各分野で活用していくことができます。同時に、指標的な配分比率も次のように見直します。

・日本株式　15%
・日本債券　15%
・外国株式　20%
・外国債券　20%
・REIT　5%
・金　5%
・流動性資産とその他の資産　20%

※年齢、貯蓄額、リスクの許容度にもよります。

前項の指標的な配分比率と少し異なり、日本株式と日本債券の比率がダウンし、さらにREITが組み入れられました。

スケールメリットが資産形成を加速

例えば日本株式はインデックスファンドの代わりとして、TOPIXに連動するETFを用いてみましょう。

積立ができないうえ、売買手数料が発生するものの、まとまった額で長期投資した場合、信託報酬が低い分、運用上は有利になるというメリットがあるからです。

つまり、資本の大きさゆえにスケールメリットが働きます。

外国株式は先進国の株式の運用に海外ETFを使います。

アメリカの証券会社に口座を開設すれば、直接ドルで海外ETFを購入できるため、売買手数料を引き下げることができます。

海外口座の開設と継続的な維持には手間がかかりますが、1000万円規模の資産になると、それなりの分散が必要になってくるという心構えを持ちましょう。

一方で、日本債券もまたインデックスファンドの代わりに個人向け国債（10年・変動）に切り替えましょう。

こちらも積立ができません。募集時期が限定されるという制約もついてきます。しかし変動金利型の国債を購入すれば、インデックスファンドに比べて金利上昇時にダメージを受けにくい資産形成が可能となるのです。

増収方法を再検討

1. コストの低い投資対象を検討　債券　ETF
2. 海外の証券会社に口座を開設してみる
3. 実物資産への投資を検討

1000万円からの資産運用ガイド

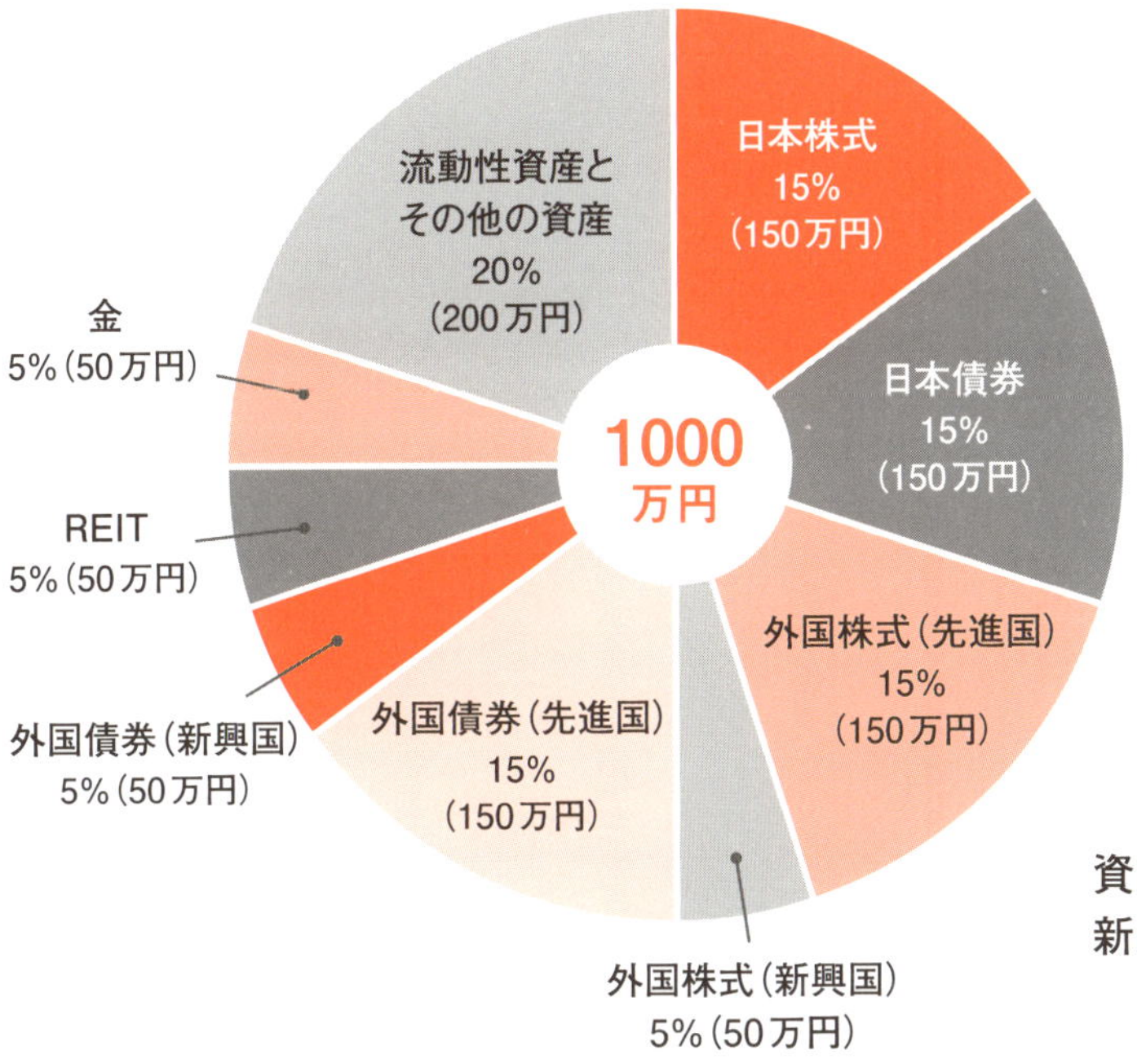
1000
万円
日本株式
15%
(150万円)
日本債券
15%
(150万円)
外国株式(先進国)
15%
(150万円)
外国株式(新興国)
5%(50万円)
外国債券(先進国)
15%
(150万円)
外国債券(新興国)
5%(50万円)
REIT
5%(50万円)
金
5%(50万円)
流動性資産と
その他の資産
20%
(200万円)

新たな運用法を取り
入れてみましょう

資産額が増えることによって、
新たな投資が可能となります

実物資産で新たな増収方法も

日銀が導入を決めたマイナス金利政策によって、資産運用にはこれまでにない柔軟性が必要になってきました。そういった社会的背景もあって、本項では「総資産額の5％」の金地金などの実物資産を新たに配分比率に組み込んでいます。極端な話になってしまいますが、もしもこの先、日本経済が破綻するようなことがあればどうなるでしょうか。そのような有事の際には当然、現物がものをいいます。そういった点を踏まえると、金地金であれば鑑定も早く済みますし、換金も容易に行えます。「分散」「危機管理」という観点から実物資産投資という選択肢がさらに安全性と新たな可能性を広げてくれます。

POINT

視点を変えれば資産の増え方まで変わる

総資産が1000万円を超えたら、インデックスファンドに代わる商品を活用するなど、新たな運用法を検討しましょう。例えば日本株式はTOPIXに連動するETFを用います。長期投資した場合、信託報酬が低いぶん、運用上は有利になるというメリットがあります。つまり、資本の大きさゆえにスケールメリットが働きます。

つねに考えを
練ったほうがいいかも

04

インデックスファンドの代替商品

投資商品としてポピュラーな日本株式の運用方法

一番投資でポピュラーな商品

投資と聞いたとき、多くの人が思い浮かべるのは、日本株式ではないでしょうか？

メディアの経済ニュースでも必ず今日の株価について触れ、景気の動向を示す指標になっています。それゆえ投資商品として、もっともポピュラーだといえます。耳に馴染みのある企業の銘柄も数多く親近感が湧くため、資産運用のひとつとして興味を持っている人は少なくありません。

そもそも株式とは、企業が事業を展開していくうえで資金を得るために発行する証券です。

企業が設備投資や商品サービスの提供を行うためには、多額のお金を集めなくてはなりません。いわば株式はその引き換え券です。

つまり、株式取引を行うことは、社会経済活動に参加することにつながります。

株主が得られる権利

キャピタルゲイン（株式売却益）

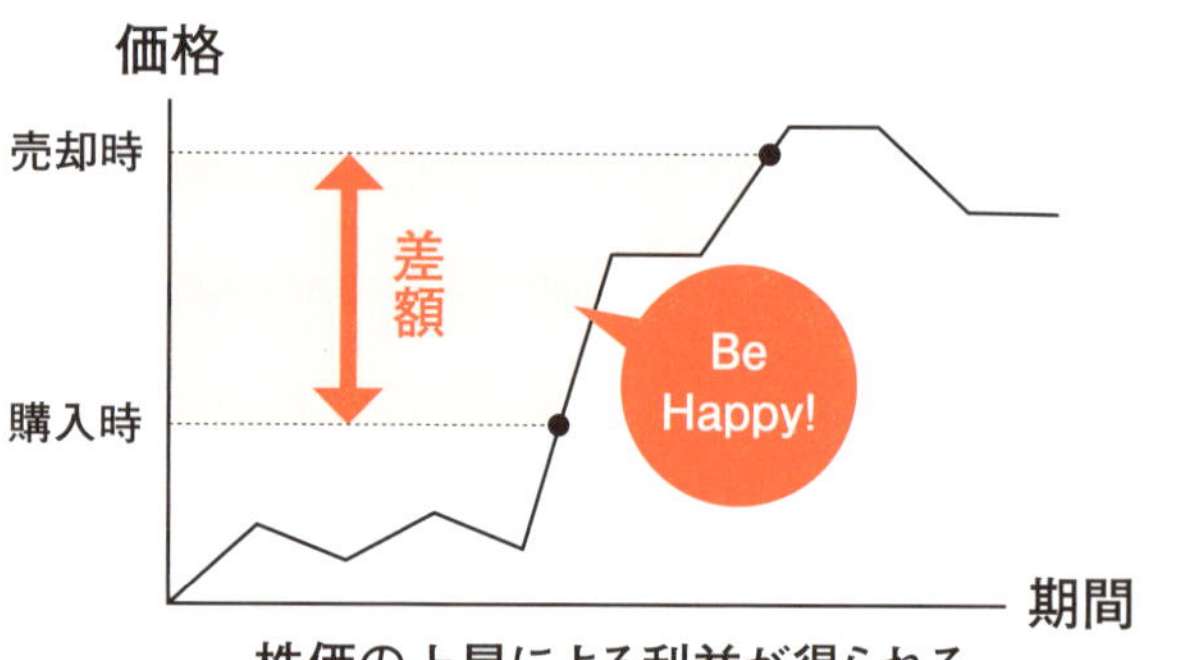
価格
売却時
購入時
差額
Be Happy!
期間

株価の上昇による利益が得られる

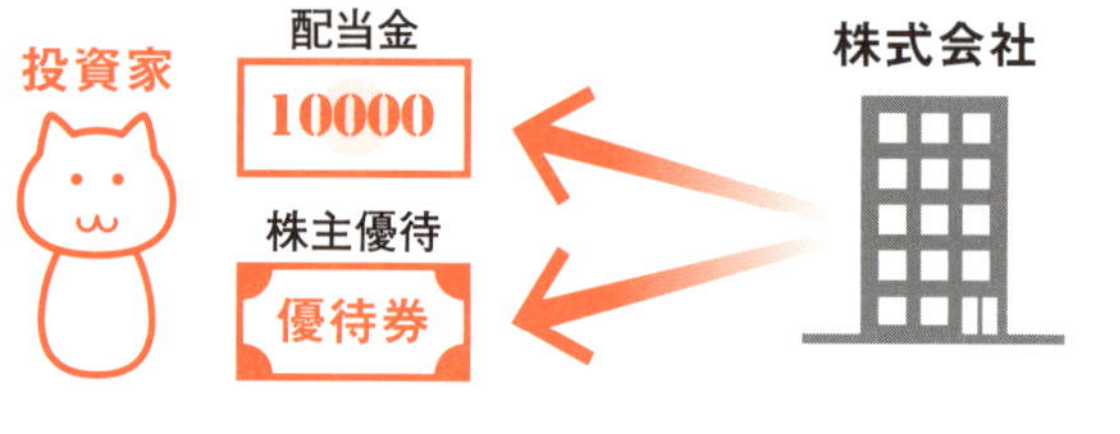
投資家
配当金
10000
株主優待
優待券
株式会社

多いメリットと気をつけたいリスク

株式投資による最大のメリットは、株価の上昇で得られるキャピタルゲイン（株式売却益）。

株式投資は大きな利益を手にする無限の可能性を秘めています。

しかもネット証券によって、パソコンやスマホを使えば、誰でも気になる銘柄をチェックしながら、トレーダー気分で気軽に売買取引ができるようになりました。

その反面、値上がりする株の銘柄を事前に予測するのはプロでも困難です。しかも値動きがとても激しいため、暴落する銘柄を買ってしまうと大損害を被ります。

信用取引によるレバレッジの高い売買で失敗すると、全資産を失うリスクもあるほどです。

それでも株式取引は、数ある投資のなかでもメリットが多く人々を惹きつけています。

企業の株主になって特定の権利が取得できるのもそのひとつ。保有株数に応じた配当金や、株主優待もうれしいメリットです。ハイリスク・ハイリターン。

これが株式投資のリスクであり、魅力なのです。

投機ではなく堅実な投資を

株式取引でやってはいけない3つの掟があります。

まず、没頭しすぎないこと。株式の売買はギャンブルではありません。しかし、取引で思わぬ利益を手にすると、我を忘れてのめり込む場合があります。

取引自体を楽しんでしまうと、損害を出してしまいがちです。

2つめは、自分の好みで銘柄を選ばないこと。お気に入りの会社という理由だけで株を購入しても、利益は手にできません。初心者が犯しやすい過ちです。

3つめは、必勝法と謳った本やサイトに騙されないこと。明日上がる銘柄が予測不可能な相場で、必勝法は絶対に存在しません。

株式取引には、企業の財務状態などを調べる「ファンダメンタルズ分析」と、チャートなどで株価を読む「テクニカル分析」が有効とされています。値動きや勘で銘柄を選ぶのではなく、正攻法を勉強することで、博打的な投機ではなく、堅実な投資を心がけましょう。

株主投資の注意点

①のめり込みすぎない

いつ
売ろうかなー
仕事よりも
株だ！

②知っている銘柄を安易に選ばない

株式会社
ネコネコ
商会
この会社、
何となく
好きだなー

③必勝法に惑わされない

これだ！

POINT

株取引はハイリスク・ハイリターン

株式投資の最大のメリットは株価上昇で得られるキャピタルゲイン（株式売却益）です。保有株数に応じた配当金や、株主優待もうれしい特典。しかし、激しい値動きは大きな損失をもたらすので要注意です。

リターン度	★★★
リスク	★★★★
難易度	★★★

やってみたいけど
まずは勉強ありき！

投資のセカンドステップに最適な日本国債

そもそも日本国債とはどういうもの?

日本国債とは日本国が発行する債券のこと。発行は法律に基づいて行われ、利子と元本の払い戻しは国が責任を持って行います。

つまり、日本が破綻しない限り、預けた元本が保証された、極めて安全な金融商品といえます。

個人向け国債は、個人の国債保有を促進するために導入された商品。1万円単位ではじめられ、販売手数料がかからないうえ、中途換金もできるなど、個人の方が購入しやすいようさまざまな工夫が盛り込まれています。

期間には種類があります。変動10年、固定5年・3年で、毎月募集と発行を行っています。金利の下限はどれも0・05%です。

証券会社や銀行などの金融機関で購入でき、本人確認書類と印鑑などが必要になります。

国債は券面が発行されず(ペーパーレス)、口座上の記録によって管理されます。初めて国債を購入する場合、購入する金融機関で国債の取引をするための口座を開設する必要があります。

変動型は利率がアップすることも

10年変動型の国債は、市場の金利が上昇すると、連動する形で債券金利も上昇し、受け取る利息も増えます。

つまり、購入時の初回適用金利が低くても、市場金利が上がれば、それにしたがって国債の利率もアップします。

利息の支払いは年2回です。

ご存知の通り、日本では日銀が導入を決めたマイナス金利政策によってほぼ0%の金利。今後の金

日本国債とは?

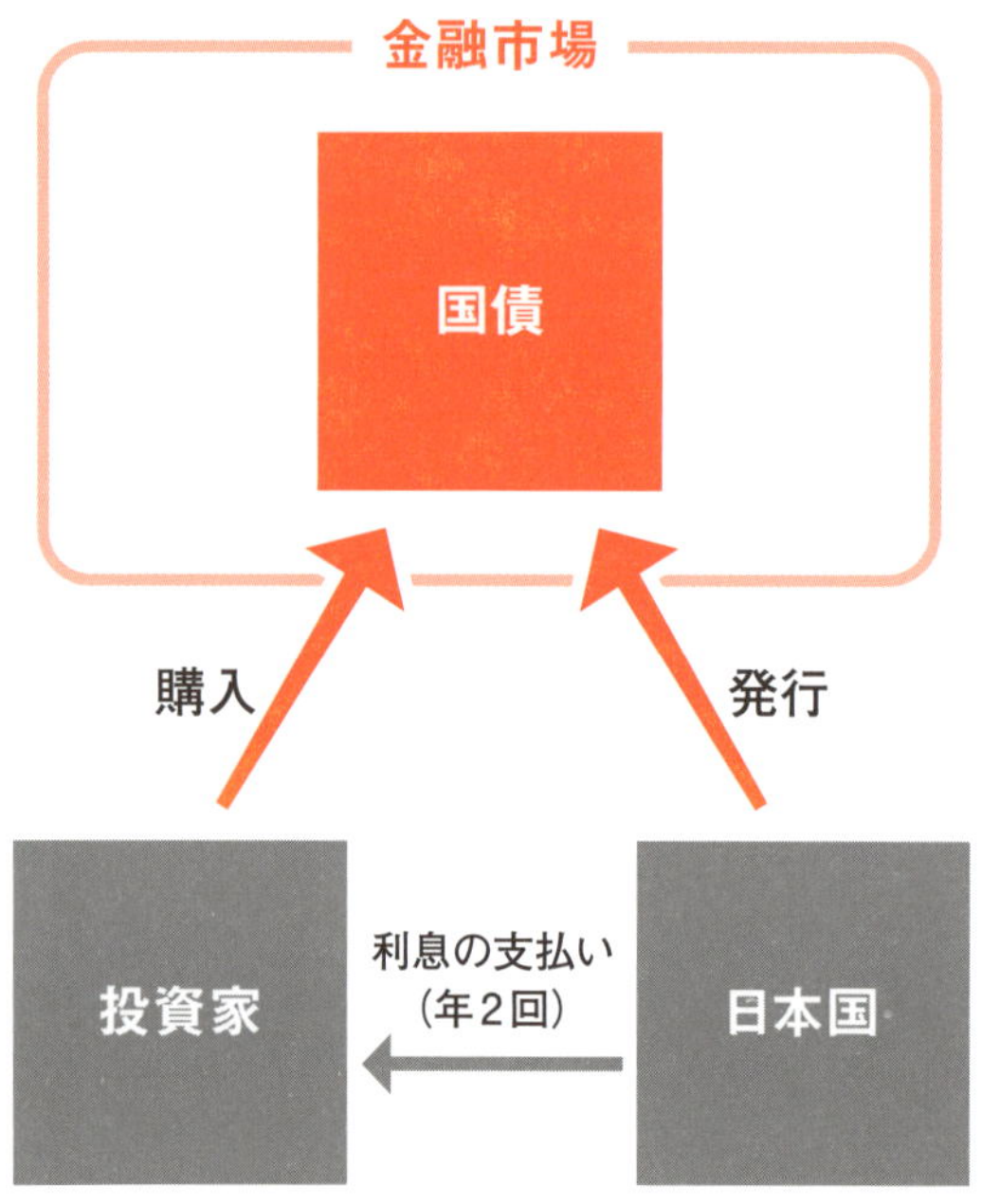
金融市場
国債
購入
発行
投資家
利息の支払い
(年2回)
日本国

利上昇リスクを考えれば、半年ごとに金利の見直しを行う変動型を選ぶほうが、低リスクです。

　原則として国債には解約制限がありません。購入後1年間は解約できませんが、2年目以降はいつでも解約換金が可能です。

　ただし注意すべきは、解約の際、手数料として「税引き後直近2回の利息相当分」のペナルティを支払うこと。もし仮に1年後に解約したなら、受け取った金利をすべて返戻する計算になります。

　元本割れまではいきませんが、このような規約からも、国債は長期運用向け商品といえます。

個人向け国債の特徴

①販売手数料がかからない
0円
サッ
②1万円から購入可能
10000
サッ
③募集期間が決まっている
12/7
買いに行こう
④元本が保証されている
国が保証してくれる！
⑤金利の下限がある
下限は0.05%
⑥1年間は解約不可
解約したいのですが…
ダメです

リターンではなく資産の安定が目的

　インデックスファンドと個人向け国債の違いは、変動金利の性質にあります。日本国債を資産に組み入れる理由は、リターン目的ではなく、あくまで資産の安定を図るため。

　国内の金利上昇で価格が下がるリスクを伴うインデックスファンドより、半年ごとに金利を見直して、金利上昇リスクのない変動型の個人向け国債のほうが、資産の分散には適しています。

　一方で、国債は毎月自動積立することができません。資産運用として国債の導入を検討するのは、手持ちの資産がある程度の金額になった段階がいいでしょう。投資のセカンドステップとして捉え、活用を検討しましょう。

POINT

資金がまとまったら導入を検討しよう

日本国債を資産に組み入れる理由はリターン目的ではなく、あくまで資産の安定を図るため。半年ごとに金利を見直す変動型の個人向け国債のほうが、資産の分散には適しています。

リターン度　★
リスク　★★
難易度　★★

国が発行するから安心だと思うよ

06
インデックスファンドの代替商品

金利は高いが信用リスクも高い外国債券

外貨取引には為替リスクが伴う

債券とは？　というお話から、ここであらためて解説します。

そもそも債券とは、国や地方公共団体や企業が資金調達のために発行する借用証書です。

債券と借用証書が異なるポイントは、債券は転売可能（流動性がある）ということ。投資家は債券に投資することで、発行体に資金融資していることになります。

外国債券とは、購入代金の払い込みや利子、満期の際の償還金の受け取りのどれかが一部でも、外貨で行われるものを指します。

つまり、為替レートに左右される為替リスクを伴う商品です。

おわかりかと思いますが、円安になると日本円での受取額が増え、為替差益を得られます。

逆に円高になってしまうと、日本円での受取額が減り、為替差損が生じてしまいます。

外国債券とは？

1 外国通貨建て
2 発行体が外国
3 外国市場で発行

どれか1つでも当てはまれば、それは外国債券。

金利は高いが信用リスクに注意

外国債券には、高い利回り、為替変動による差益を得られるメリットがあります。また日本の株式とは異なる値動きをする傾向があるので、分散投資のため資産に組み入れることでリスクを軽減する効果が期待できます。低金利が続く日本の投資商品と比較すると、金利が高い点が魅力のひとつ。ただし、一般に金利の高い外国債券は、信用リスクも高くなるので注意しましょう。

外国債券のインデックスファンドには、通貨も分散されているというメリットがあります。

一方で、外国債券を直接購入するためには、まとまった金額が必要です。自分で金額を決めて買い付けることができないので注意が必要です。

外国債券ファンドの場合、投資信託のコストである信託報酬がかかります。SMTインデックスシリーズを例に挙げると、先進国の債券ファンドは年間０・５４０％（税込）、新興国の債券ファンドは年間０・６４８％（税込）となります。これらは資産を分散させるための必要コストだと割り切る考え方もありますが、自分で対象商品や債券の期間などを選択して投資したいなら、外国債券を直接購入するという方法も考え方としてあります。

外国債券の特徴

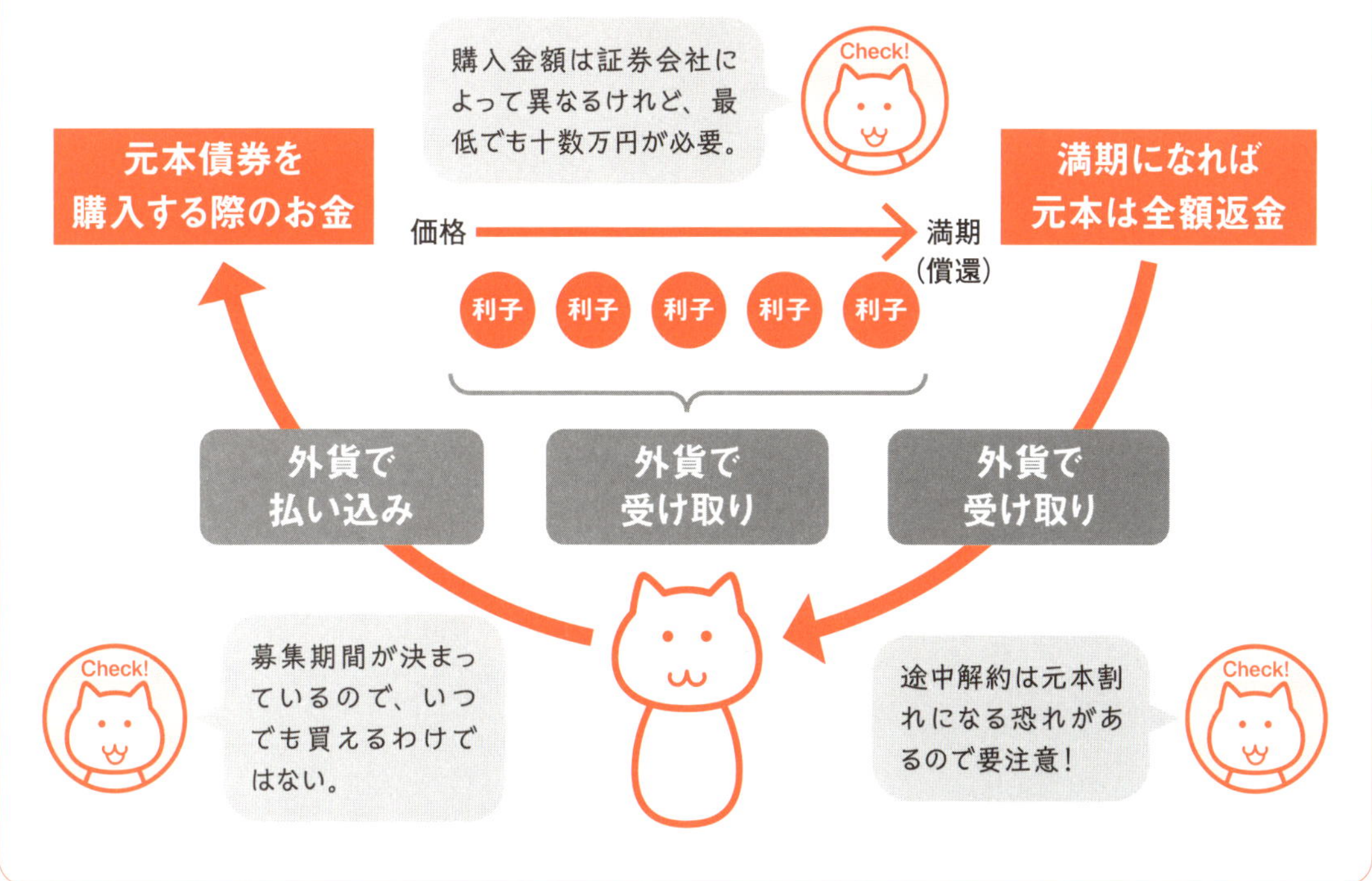

格付けはトリプルAの債券を

債券を購入するときは、発行体、通貨、期間の確認が必要です。

特に外国債券は信用リスクがありますので、投資する前に発行体の格付けを確認すべきです。

最上級の格付けであるＡＡＡ（トリプルＡ）の債券を選ぶのが基本中の基本となります。

通常、外国債券は固定金利で発行され、満期まで受け取る金利は確定しています。満期まで保有すれば元本が保証されて金利を受け取れますが、途中で売却する場合、市場金利の状況によっては元本割れが生じることも。

また、期間の長い債券のほうが利回りは良く、金利の受取額も多くなりますが、価格の変動と為替レートには注意が必要です。

POINT

発行体や通貨、期間の確認が必須

外国債券には、高い利回りと為替変動による差益を得られるメリットがあります。その一方、注意すべきは、金利の高い外国債券は信用リスクが高くなる点。債券を購入する際は、格付けAAAを選びましょう。

リターン度	★★★
リスク	★★★
難易度	★★★

07

インデックスファンドの代替商品

長期保有ならETFがお勧め

株式のように価格がリアルタイムで変動

ETFは"Exchange Traded Fund"の略。上場投資信託と呼ばれています。インデックス、すなわち指標や指数は、株式以外にも、債券、REIT、通貨、コモディティ（商品）などがあります。

ETFはインデックスファンドが証券取引所に上場しているといったイメージの金融商品です。

よって目的はインデックスファンドと同様で、指標や指数の動きに連動する運用成果を目指す投資信託となります。

インデックスファンドは一日1回価格（基準価額）が算出され、一日1回しか取引きできません。

それに対してETFはリアルタイムで価格が変動します。投資家の判断で、証券取引所の取引時間内に、株式と同様に相場の動きを見ながら売買が可能です。

日本国内で上場している投資信託には、日本株式だけでなく、外国株式や外国債券などのインデックスに連動する商品もあります。

保有コストの低さがETFのメリット

連動するインデックスが同じであれば、投資信託とETFはほぼ同等の運用成果になります。

その一方、投資信託とETFの大きな違いは、ETFは口数での買い付けとなり、金額を指定して購入することができない点です。

例を挙げると、日経平均株価が2万円のとき、ETFの最低購入金額もまた2万円になります。

マーケットが上昇すれば購入金額も上昇していきます。

つまり、販売価格がそのときどきで違うため、投資信託のように

ETFの仕組み

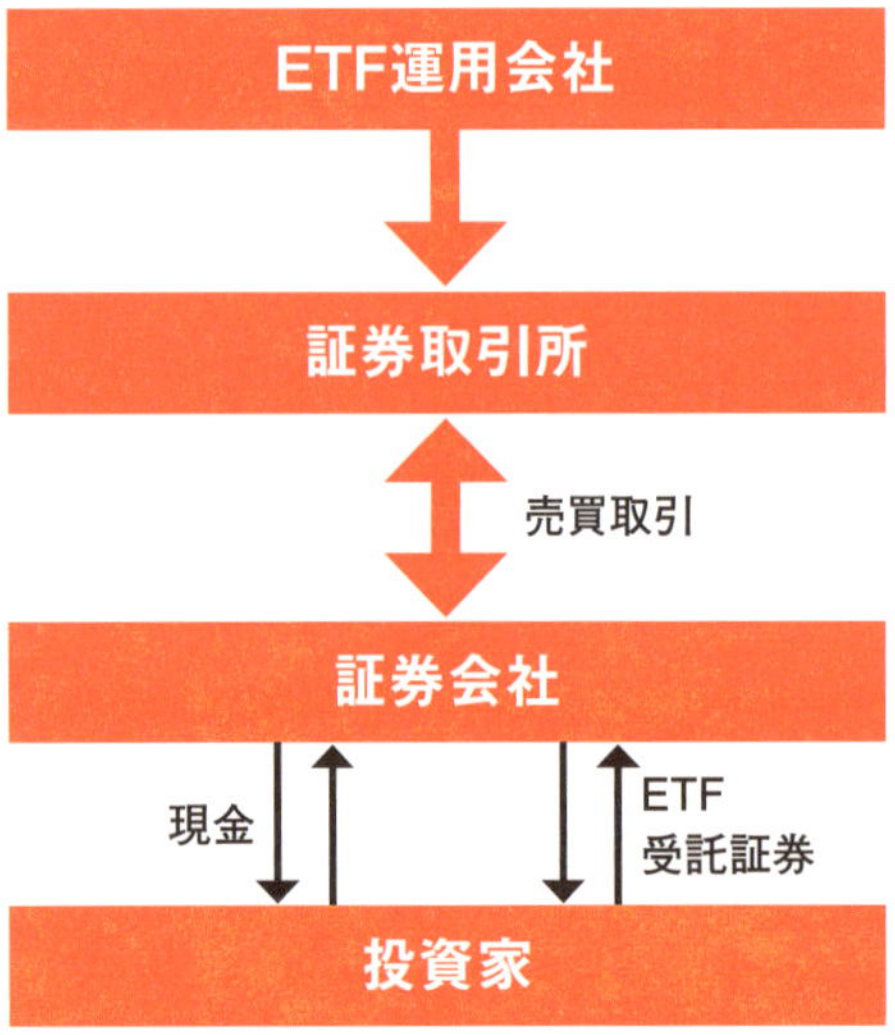

証券取引所に上場している株式のような投資信託。ただし、口数での買い付けとなり、金額を指定して購入することはできません。

毎月1万円といった定額での買い付けが不可能になります。

当然、積立も利用できません。

ただ、ETFのメリットは保有コストにあります。

投資信託では販売会社、受託会社、運用会社の3社に対して、信託報酬を保有コストとして支払わなければなりません。

ETFは販売会社に保有コストを支払わないので、その分、信託報酬が割安になります。

長期保有すればするほど、投資信託とのコスト差は広がるので、手持ちの資産に余裕ができた際には、切り換えるのが得策です。

積立後にリレー投資で移行

コスト差を詳しく説明します。

例えばインデックスファンドとETFの信託報酬が、それぞれ0・5%と0・2%だとすると、年間で0・3%のコスト差が生まれることになります。

最低でも1年間保有するとすれば、単純計算で買いと売りにかかるETFの売買手数料が0・15%以下なら移行するメリットがあることになります（※税金などは考慮していません）。

資産運用の過程において、インデックスファンドからETFへの移行は、国債への移行と同様に『リレー投資』です。まずインデックス型投資信託の積立をして、ある程度まとまった額になったところでETFを購入するのです。

ETFの特徴

①証券取引所に上場している

祝上場

②コストが低い

販売のための
手数料もありません

③流動性が高く売買がしやすい

いま
売ります!

④口数での購入となり積立もできない

まとまったお金があ
るならETFを試すの
もあり

POINT

証券取引所に上場する金融商品

ETFはリアルタイムで価格が変動。投資家の判断で、株式と同様に相場の動きを見ながら売買が可能です。インデックスファンドからETFへの移行は『リレー投資』。まとまった資金額になったら購入します。

リターン度 ★★★
リスク ★★★★
難易度 ★★★

コストの安さが
ポイントらしいよ

08

インデックスファンドの代替商品

まとまった資産があれば海外ETFを活用したい

ETFの海外版で低コストが特徴

海外ETFとは、外国株式と同様に、海外の証券取引所に上場している投資信託を表します。

ざっくりいえば、前項で解説したETFの海外版。上場している場所が違うだけで、基本的な仕組みや考え方は同じです。

よって〝海外に投資する投資信託よりもコストが安くすむ〟というのが大きな特徴となります。

また、海外ETFは国内投資信託に比べて信託報酬が低い場合が多く、外国株式に低コストで投資を行うことができます。

そのほかの特徴は次の通り。

・NYダウといった海外の株価指数に連動するインデックスETFに投資が可能
・最低投資額は5~10万円くらいから
・海外の会社を個別に調べて投資する手間や時間を節約
・海外のインデックスファンドより低い手数料で運用可

商品数の拡大に伴って、投資対象が幅広くなるというメリットもあります。最近は外国債券や商品を対象とした海外ETFも取引できるようになりました。

国内ETFとの違いは?

海外ETF
海外の証券取引所に上場しているETF

国内ETF
国内の証券取引所に上場しているETF

※上場している場所が違うだけで仕組みはほぼ同じ。

額の大きな投資に適した海外ETF

その一方、海外ETFでは売買時に売買手数料と為替手数料が発生するため、少額での投資を行う場合は割高感があって不向きでしょう。しかも、定額購入ができないため、ドルコスト平均法を使った積立も不可能です。

では、どういったケースの資産運用に、海外ETFは適しているのでしょうか？

それは、数百万円単位のまとまった金額を投資する場合。

海外の証券会社に自分で直接口座を開き、海外口座を通じて購入したほうが、コストを格段に抑えられるからです。

しかし条件があります。英語でのコミュニケーションが必要なことです。ホームページも書類も顧客窓口も、すべて英語でしかサポートされていません。

よって少額で資産形成している方、もしくは英語に自信のない方は、無理をしてまでも海外口座を開設する必要はないといっていいでしょう。

海外の口座開設には ふたつのメリットが

海外の証券会社にあえて口座を開設するメリットのひとつは、複数におよぶ為替取引の際の利便性にあります。

なぜなら海外のほとんどの証券会社の口座は、多種の通貨アカウントが同時に持てるマルチカレンシー口座だからです。日本の証券会社で円をベースにして外貨調達して投資を図るのに比べて、手間と手数料を削減できます。

もうひとつのメリットは取引コスト。日本の証券会社で海外ETFを購入すると、米ドルの場合、為替手数料が1ドルにつき25銭発生します。さらに売買手数料が最低5ドルほどかかるため、海外のネット証券会社のほうが断然低コストで取引が行えます。

海外口座

購入単位が大きい人は海外の証券会社に口座を持つという考え方も！

3大メリット

為替取引が便利
米ドル、香港ドル、ユーロなど、フレキシブルに調達できるマルチカレンシー口座

売買手数料は最低1ドル程度
日本の証券会社の場合5ドル（約625円）

為替手数料なし
日本の証券会社の場合、1ドルにつき25銭。

ただし、英語ができないとトラブルに対処できません。

POINT

少額の投資には不向きな海外商品

海外ETFは売買時に売買手数料と為替手数料が発生するため、少額で投資を行うには不向きです。ドルコスト平均法を使った積立もできません。数百万円単位の大きな金額を投資する場合に適した金融商品です。

リターン度	★★★★
リスク	★★★★★
難易度	★★★★★

お金持ちにはいいかもね

09

インデックスファンドの代替商品

低リスクで不動産投資をするならREIT

不動産に特化したリスク分散商品

REIT（Real Estate Investment Trust）は、多くの投資家から集めた資金と、金融機関からの借入金を合わせて不動産に投資し、そこから生じるテナント料・賃料や売却益を得る仕組みです。

投資家は値上がり益や分配金を受け取ることができます。

REITは、複数の不動産物件を所有し、数百億円から数千億円単位という大規模なファンドを作ることで、投資リスクの分散を図ります。このリスク分散は、すべての投資家に対して機能する仕組みになっています。

実物の固有の不動産への投資では、このような大規模投資におけるリスク分散が困難です。リスクコントロールという点で、REITは投資に有効といえます。

しかもREITなら実物不動産投資とは異なり、わずか数万円という少額から投資が可能。株式と同じように証券取引所に上場しており、売却するとすぐに現金化できる流動性も備えます。

投資対象はオフィスビルや集合住宅など。不動産ですので、株式市場や債券市場とは価格変動の傾向が異なり、資産全体のリスクを分散させるメリットを持ちます。

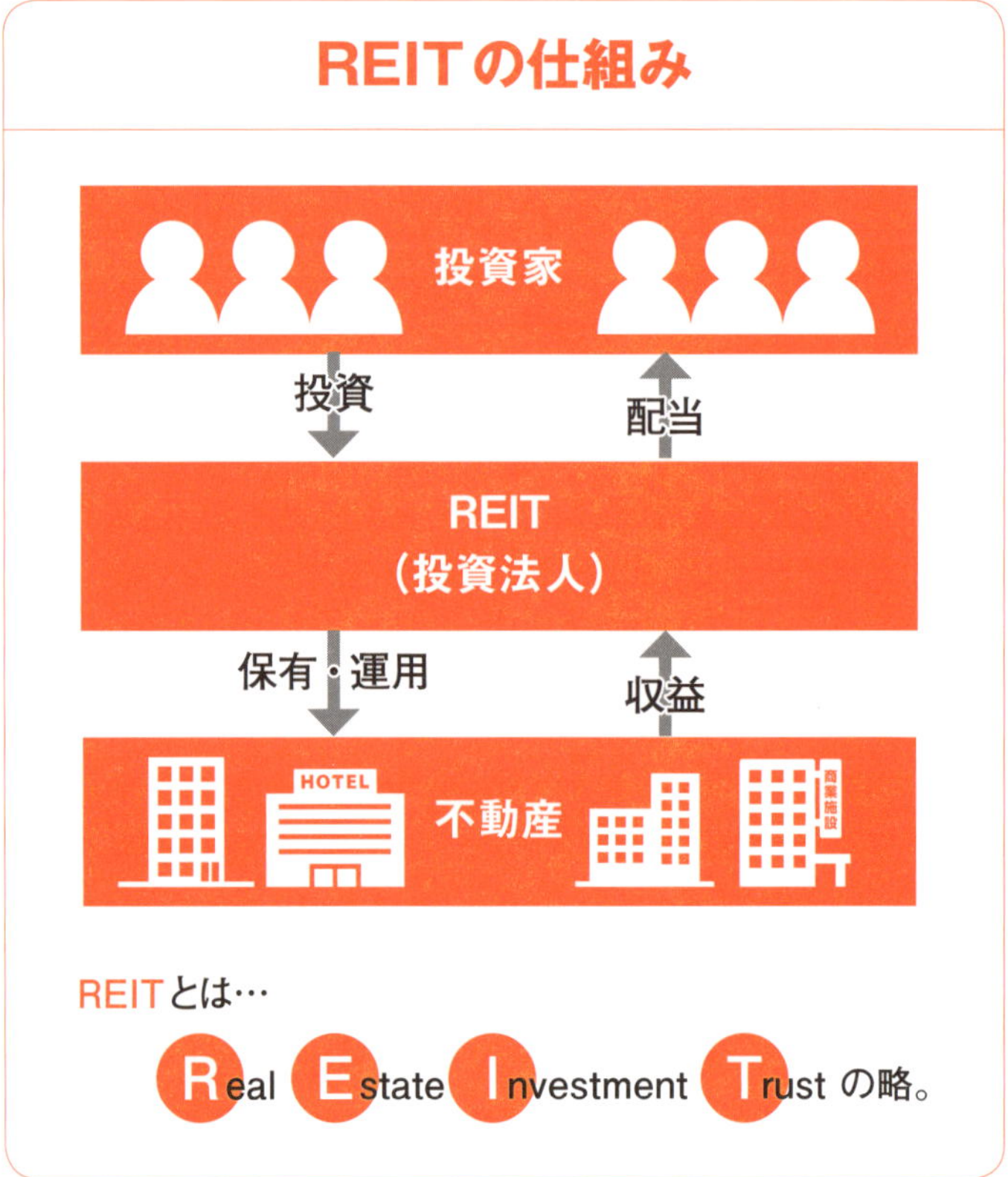
REITの仕組み
投資家
投資
配当
REIT
（投資法人）
保有・運用
収益
HOTEL
不動産
REITとは…
Real Estate Investment Trust の略。

REITの投資信託はコスト面でマイナス

また、REITの投資信託ならば、毎月積立ができ、REIT全体の値動きに連動した投資成果が得られます。資産運用において分散を考えたとき、有益な投資信託といえるでしょう。

しかし、問題はコスト面。管理コストにプラスして、ファンドとしての信託報酬や手数料が発生します。REIT銘柄自体を直接購入する場合と比較すれば、信託報酬分の利回りが低下するというデメリットがあるのです。つまりREIT銘柄を直接購入すれば、その分を削減できるということになります。

積立によるREITの投資信託からREIT銘柄の直接購入へのリレー投資の目途は、100万円に到達した段階です。

金融相場とは異なるリスクが伴うことも

株式による配当と比べた場合、REITの分配金は安定性に優れます。が、さまざまなリスクが想定されます。

空室リスク、災害リスク、不動産価格の下落リスクなど——株式や債券とは違ったマイナス要素を考慮し、組み入れ上限は資産全体の10％以内と制限を設けたほうがいいと思います。

また、REIT初心者が戸惑うのは、各投資法人ごとの差異、これまでの投資運用実績、市場における評価などを把握しにくいという点です。

日本国内では現在、59銘柄ものREITが上場しています（2017年10月時点）。

銘柄選定には高度な経験と知識が必要なうえ、不動産市況の影響を受けることから、運用に自信のない人はコスト面で費用がかかっても、インデックスファンドを活用したほうが無難であり、堅実であるといえます。

REITと現物不動産の違いとは？

REIT		現物不動産
小（数万円～）	投資金額	大（数百万円～）
できる	リスクの分散	難しい
しなくてよい	物件の管理	しなければならない
低い	レバレッジ	高い
高い	流動性	低い
オフィスビル、ホテル、商業施設など	投資対象	主に居住用物件

POINT

不動産に詳しくなければ運用は難しい

株式市場や債券市場とは違う値動きをするため、資産全体のリスクを分散させるメリットがあります。しかし銘柄選定には高度な経験と知識が必要で、不動産市況の影響を受けるので、初心者には不向きです。

リターン度　★★★
リスク　★★★★
難易度　★★★★

資産のごく一部でやったほうがいいよ

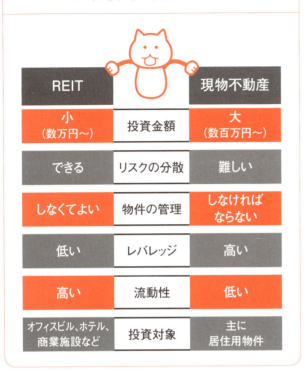

10

インデックスファンドの代替商品

FXには高い運用能力が求められる

少額で多額の投資を可能にするレバレッジ

FXとは「Foreign Exchange」の略で、日本での正式名称は外国為替証拠金取引といいます。ドルやユーロなどの外国通貨（為替）を交換したり売買したりして、その差益を得ることを目的とした金融商品です。

元金の最大25倍まで運用できるレバレッジ、金利の差額によって得られるスワップポイントといった特徴がFXにはあります。

まず、レバレッジから詳しく解説します。

FXでは外貨預金と違い、売買する外貨相当の日本円を入金する必要はなく、レバレッジ（＝てこの原理）を利用して、少額の資金（証拠金）で最大25倍の取引をすることが可能です。

例えば20万円で米ドルの外貨預金をすると、1600米ドル（1ドル＝125円換算）の預金になります。FXで米ドルに20万円投資しようとすると、レバレッジが20倍の場合、3万2000米ドルもの投資をすることができます。

このように、設定されたレバレッジが高ければ高いほど、少額の資金で効果的な投資が可能となります。逆に、それだけ多額の損失を被る危険性をはらんでいるだけに、堅実性に欠けるリスクの高い投資とであるいえます。

レバレッジとは

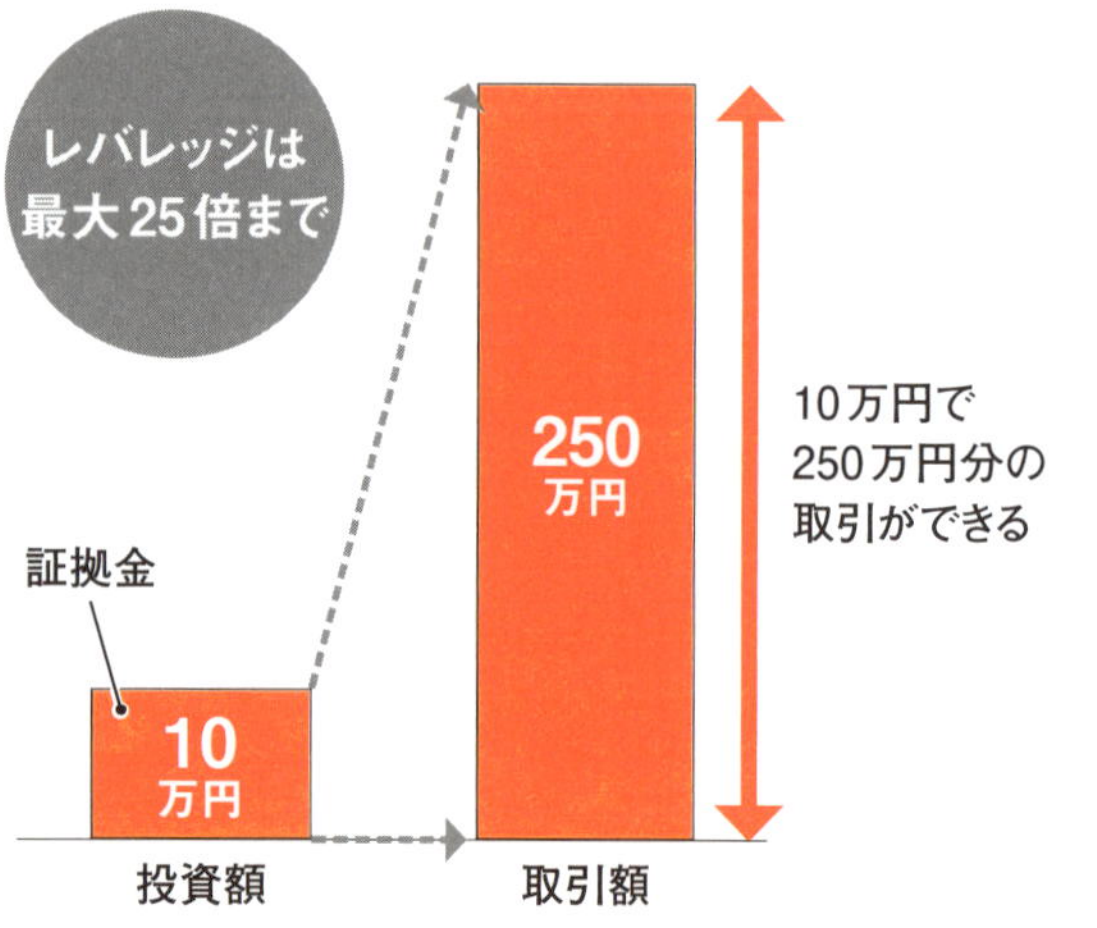

レバレッジは最大25倍まで
250万円
10万円で250万円分の取引ができる
証拠金
10万円
投資額
取引額

自分のお金を証拠金として預け入れることで、何倍もの金額を取引できることをレバレッジといいます。少額で大きな利益を得ることができますが、リスクも同様に大きくなります。

金利差調整を得るスワップポイント

もうひとつFXの特徴として知ってもらいたいのがスワップポイント（スワップ金利）という収益についてです。これは金利の低い通貨を売って、金利の高い通貨を購入したときに、金利差分を受け取れるという仕組みです。

例えば金利0・1%の日本円で金利6%の豪ドルを1万通貨分購入した場合、金利差は5・9%。

これを日割りしたものがスワップポイントとして得られます。

1豪ドル=85円として計算すると、1日当たり137円を受け取ることができるのです。

FX投資活用方法は主に3タイプ

FXの投資活用方法には大きく分けて3タイプあります。

レバレッジの算出方法

レバレッジ（倍率） ＝ **取引金額（円換算）** ÷ **証拠金（口座資金）**

例）1ドル120円で取引量1万、口座資金20万円の場合

取引金額 ＝1万×120円＝120万円

証拠金 ＝20万円

120÷20＝6

レバレッジ 6倍

レバレッジの倍率は日本では25倍が限度です。レバレッジの算出方法を覚えて、どこまでならリスクを背負えるか考えながら運用しましょう。

①値動きから利益を短期で獲得
株式の信用取引と同じで、FXは売りからも買いからも取引できます。値動きの流れを読みながら、円安、円高のどちらでもポジションを取って利益を生み出すことが可能です。

②外貨買いポジションで長期保有
円に比べて外貨の金利が高い場合は、外貨の買いポジションを保有することで先述した通り、スワップポイントが受け取れます。

③保有する外貨ポジションヘッジ
外貨の売りポジションをFXで保有すると、円高になった場合、外貨資産に為替差損が発生するのを相殺してリスクヘッジすることが可能です。

FX取引はいずれにせよ、レバレッジの高さによって、取引リスクが大きく変動します。しかも、流動性が高く、ハイリスク・ハイリターンになりやすいため、高い運用能力が求められます。

POINT

慎重に取引してリスクに注意

元金の最大25倍まで運用できるレバレッジ、金利の差額によって得られるスワップポイントといった特徴を持ちます。少額の資金（証拠金）で取引が可能なぶん、高い利益性とリスクの両面を備えます。

リターン度 ★★★
リスク ★★★★★
難易度 ★★★★★

儲かるけど損する危険もあるね

11

インデックスファンドの代替商品

コモディティへの安易な投資は避けたい

商品先物市場で取引される実物資産

コモディティ（Commodity）とは、一般に〝商品〟のことを指す単語で、実物資産のひとつです。

コモディティ投資とは、主に将来の価格を取引時に取り決めて、商品先物市場において売買されます。

商品先物市場では、商品が余れば安くなり、不足すれば高くなるという原理が働きます。

商品先物市場では、数多くの取引参加者が、未来において実現すると予想する価格について売りまたは買いの注文を出し合い、その結果として価格形成が行われます。原油や天然ガスなどのエネルギー、金やプラチナなどの貴金属、トウモロコシや大豆などの穀物、畜産物、産業用金属といった、多種多様なコモディティが投資対象です。個人投資家に馴染みがあるのは、金や原油でしょう。

国や企業の信用力をバックにした債券や株式に不安を感じる投資家にとって、現物の裏付けがあるという視点から安心できる商品かもしれません。

しかし、個人投資家が安易にコモディティに投資するのは非常に困難で、高いリスクが伴います。

コモディティの商品の種類

種類	商品例	特徴
エネルギー	原油、天然ガス、石炭など	中東などの国際情勢によって価格が左右されることがある。
産業用金属	鉄鉱石、銅、ニッケル、アルミニウム、亜鉛など	産出国が限定される。レアメタルなどの希少金属も含まれる。
貴金属	金、銀、プラチナ、ダイヤモンドなど	産業用途で使われるだけでなく、宝飾品としての需要も。
畜産物	牛、豚、鶏、牛乳など	飼料価格の上昇や疫病などによって影響を受ける場合がある。
農作物	米、小麦、大豆、トウモロコシ、砂糖、コーヒーなど	異常気象や自然災害、収穫時期によって価格が変動する。

個人投資家には難易度の高い問題が

コモディティ投資における問題として挙げられるのは、まず価格の変動が非常に激しいこと。

価格は需要と供給のバランスによって決まるため、いったん崩れると大損害を招きます。

しかも価格の変動要因が各々異なり、個人投資家には非常にわかりにくく、売買のタイミングを見極めるのは容易ではありません。

さらに各分野での高い専門知識がなければ、どれに投資したらよいのかすら判断がつきにくいというデメリットもあります。

株式や債券のように、保有だけしていても配当や金利はゼロで、資産運用には不向きな商品といえます。

売買に伴う手数料が高いことも問題として挙げられるでしょう。

商品先物の市場動向は、物価に大きな影響を及ぼします。

コモディティのデメリットやリスク

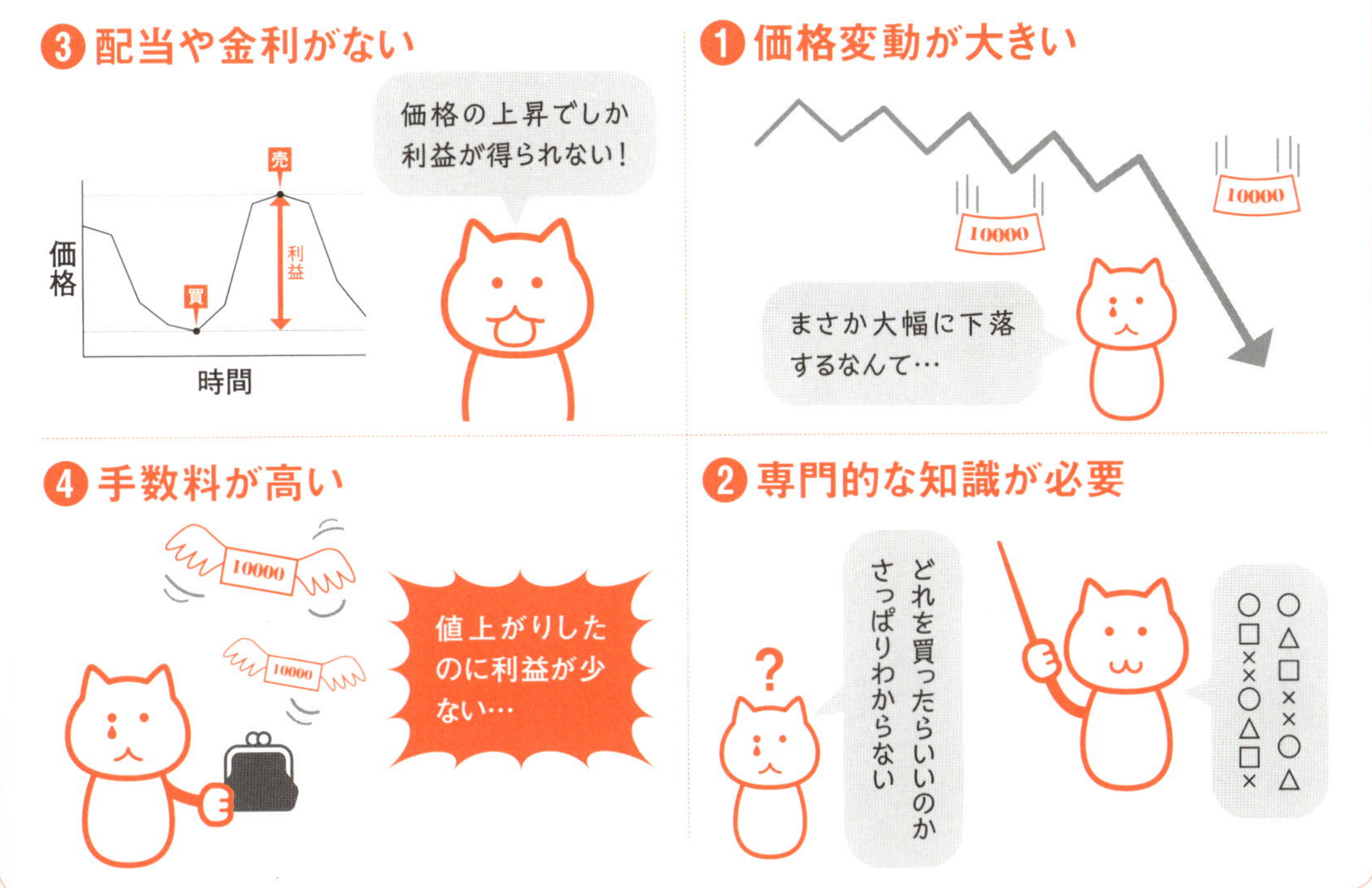
1 価格変動が大きい
10000
10000
まさか大幅に下落するなんて…
2 専門的な知識が必要
○△□×○△
○□×○△□×
どれを買ったらいいのか
さっぱりわからない
?
3 配当や金利がない
価格の上昇でしか利益が得られない！
売
買
利益
価格
時間
4 手数料が高い
10000
10000
値上がりしたのに利益が少ない…

よって注目度は高いものの、商品先物取引を行う場合、少額の資金で大きな取引ができる仕組みになっているため、FXと同様、レバレッジを大きくするほどハイリスクになる点に注意が必要です。

積極的に組み入れる必要のない投資商品

最近ではコモディティに投資する投資信託もあります。しかし先物市場を使って投資する場合が多く、コモディティの値動きに連動した投資成果が得にくいというデメリットが指摘されています。

コモディティのインデックスファンドも、あえて積極的に活用する必要はありません。

特に資産額が1000万円未満の方の場合は、無理に運用に組み入れる必要はない商品とお考えください。

POINT

独特の商品特性を持つ専門的な商品

価格変動が非常に激しく、需要と供給のバランスが崩れると大損害を招きます。しかも価格の変動要因が商品ごとに各々異なり、運用の難しい商品です。無理に投資対象として活用しなくてもいいでしょう。

リターン度	★★★
リスク	★★★★
難易度	★★★★★

頭の片隅に置いとくだけでいいかも！

投資デビューをするためのイロハ ⑤

POINT ①

まとまったお金があれば、
どんな投資が可能となる？

A　インデックスファンド

B　ETF、国債、REITなど ✔

POINT ②

投資方法を変更する際、
基準となるのはコスト面

POINT ③

株式投資における注意点は
主にこの3つ！

- のめり込みすぎない
- 必勝法に惑わされない
- 知っている銘柄を安易に選ばない

POINT ④

個人向け国債で
決まっているものは？

A　募集期間 ✔

B　購入金額

POINT ⑤

ETFの特徴として
合っているものは？

A　積立での買い付けが可能

B　販売手数料がかからない ✔

POINT ⑥

FXの特徴である
レバレッジのおさらい

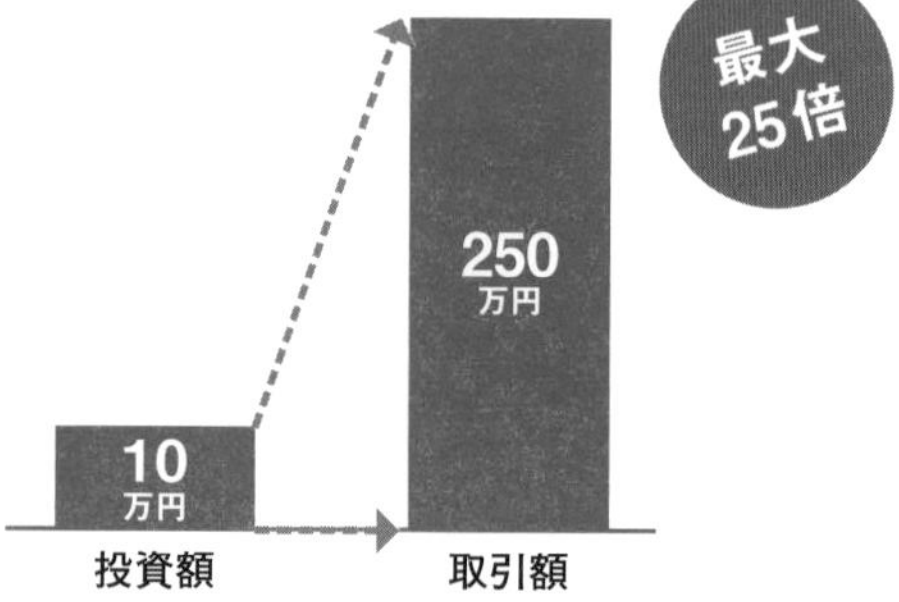

終章

簡単！安心！増える！
図解でわかる
〝横山流〟資産運用術

横山流! 資産を作る貯金の仕方

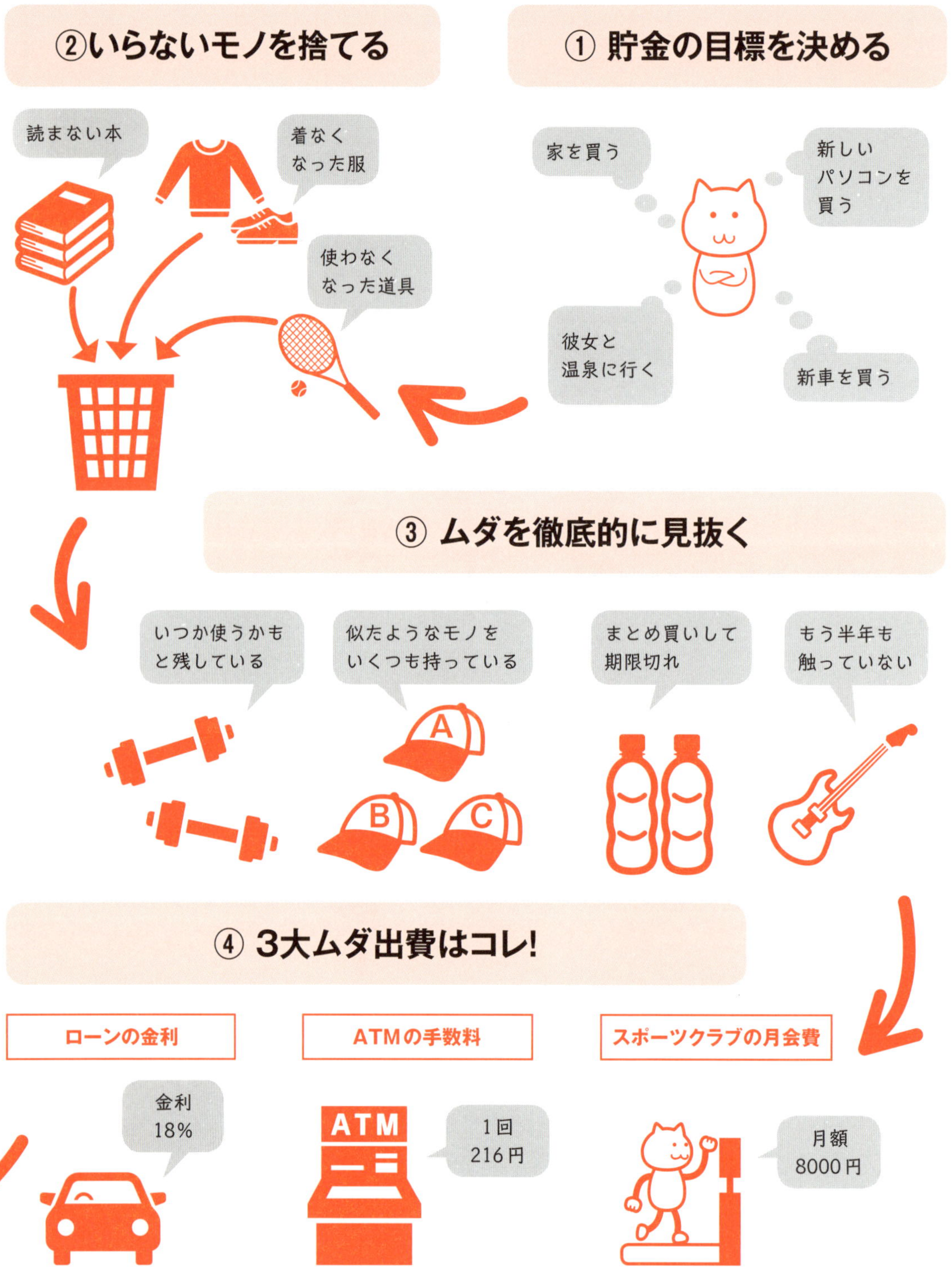
① 貯金の目標を決める
家を買う
新しいパソコンを買う
彼女と温泉に行く
新車を買う
②いらないモノを捨てる
読まない本
着なくなった服
使わなくなった道具
③ ムダを徹底的に見抜く
いつか使うかもと残している
似たようなモノをいくつも持っている
まとめ買いして期限切れ
もう半年も触っていない
A
B
C
④ 3大ムダ出費はコレ!
ローンの金利
金利 18%
ATMの手数料
ATM
1回 216円
スポーツクラブの月会費
月額 8000円

⑤ 支出を「消費」「浪費」「投資」に分けて暮らす

「消費」	生活していくうえで欠かせない住居費や食費など
「浪費」	使わなくても生活に支障のないもの。タバコやお酒など
「投資」	将来、自分にとってプラスに働くお金の使い方

⑥ 貯金の目標額を宣言する

ガンバレー
目標100万円！

⑦ 今日、いくら使うか決める

財布を開く
回数を減らす

⑧ 銀行口座は3つに分ける

BANK

使う口座	貯める口座	増やす口座
家賃や光熱費など、生活費を入れるための口座	「使う」口座から預金分の金額を移して貯める	「貯める」口座に年収の半額が貯まったら運用する

⑨ 節約のハードルは少しずつUPさせていこう

1日100円
貯金スタート
お昼は自分で
作ったお弁当に
外食をやめて
浮いた2万円を
毎月貯金に回す

横山流! 資産運用のはじめ方

① 資産運用をする目的を明確にする

② 資産を洗い出す

③ 投資のリスクを知っておく

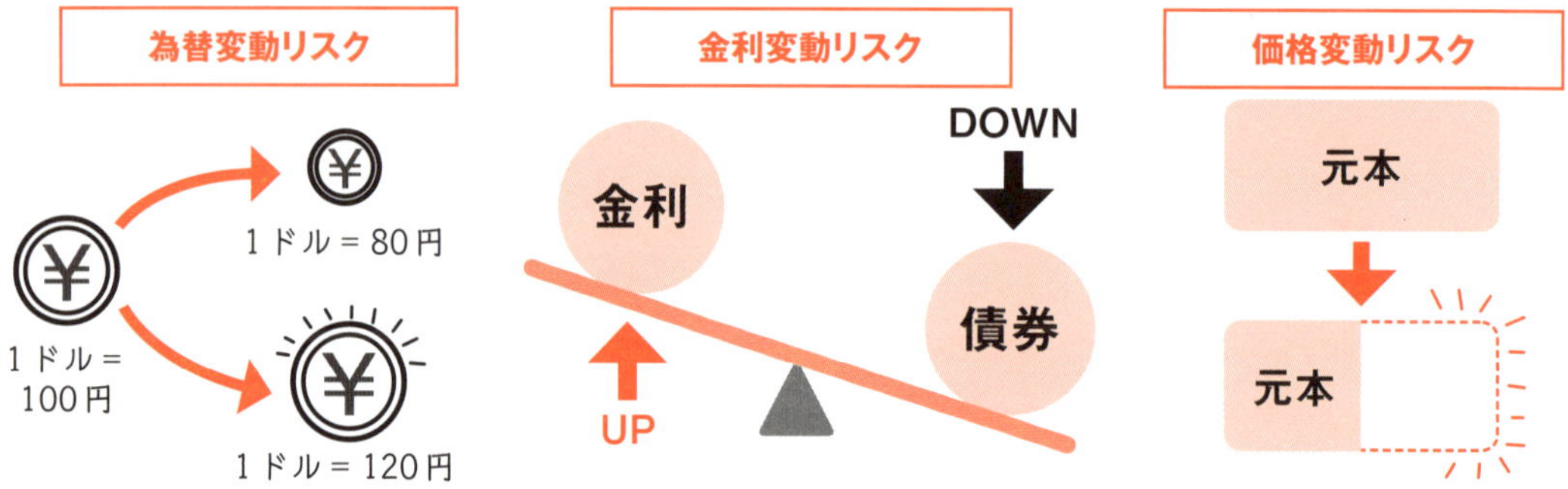

④ 目標金額を設定する

⑤ 目標金額を達成できるかシミュレーションしてみる

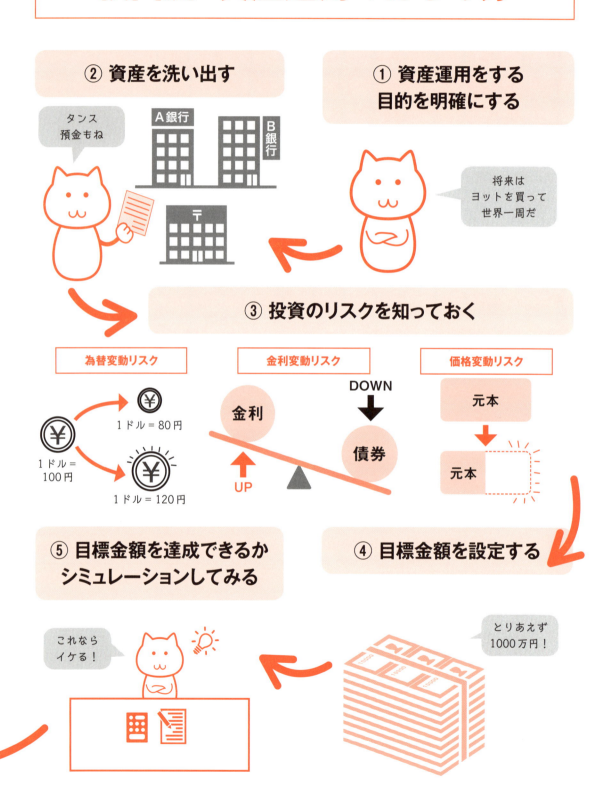

⑧ 初心者にお勧めの低リスク商品も試す

個人向け国債

バランスファンド

ETF

⑨ 運用金額が大きくなったらほかの金融商品も検討する

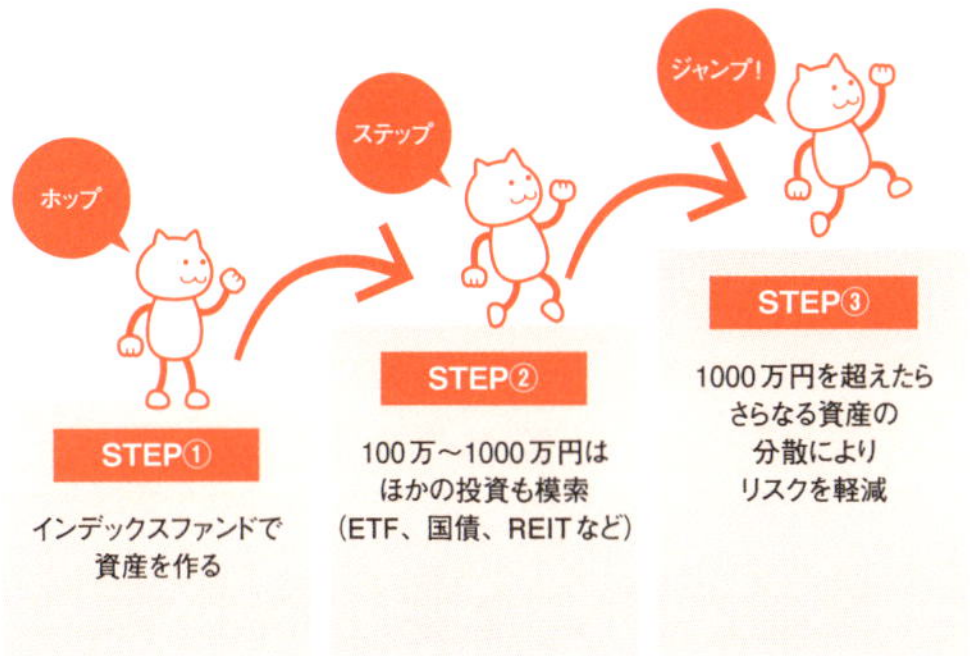
ホップ
STEP①
インデックスファンドで資産を作る
ステップ
STEP②
100万～1000万円はほかの投資も模索（ETF、国債、REITなど）
ジャンプ！
STEP③
1000万円を超えたらさらなる資産の分散によりリスクを軽減

⚠ Caution ⚠

もし、損失が出るようであれば早めの損切り（ロスカット）を心がけましょう！

⑦ まずはインデックスファンドから

コツコツ頑張る！
１万円からスタートだ！

⑥ 金融機関を選ぶ

BANK
証券
ネット証券がお勧め

おわりに

お金のやりくりに困っている人をとにかく何とかしてあげたい！

本書をお読みいただき、ありがとうございました。「資産運用」というテーマは、初めての人にとっては聞き慣れないものであり、戸惑いがあったかもしれません。しかし、資産運用の知識を身につけ理解を深めることで、身近なものになったと思いませんか？

人は皆、知らないもの、未知なものに対して恐怖を抱きます。危険が潜んでいる可能性があるからこそ防衛本能として、そういった感情が芽生えるのですが、いざ知ってしまえば恐怖はなくなります。資産運用という未知なるものを既知なるものにすべく、まず本書では〝リスク〟について解説しました。資産運用や投資には、多かれ少なかれ必ずリスクが存在します。でも、リスクについてしっかり学び、理解することで、自然と資産運用に対する恐怖はかなり減ったはずです。

また、「貯金の仕方」や「節約の仕方」についても解説しましたが、「貯金がないから投資で増やす」という考えは絶対にやめてください。貯金のない人がお金欲しさに投資に挑戦するのは、とても危険な行為です。貯金がない・貯金ができない人は、まずは貯金ができる人になりましょう。

投資をしていいのは、地道にコツコツと貯金ができる人に限ります。また、そういう人はお金の大切さを身にしみて理解しているだけに、今後の人生を大きく好転させる可能性を秘めています。

最後に、本書を出版するにあたり力を貸してくれた当社の田中友加さんに感謝いたします。

２０１７年12月吉日　横山光昭

STAFF

編集　坂尾昌昭、山田容子、細谷健次朗（株式会社 G.B.）

本文協力　秀島　迅

カバー・本文デザイン　森田千秋（G.B. Design House）

図版制作・DTP　木村　昇（CONNECT）

参考文献

『はじめての人のための3000円投資生活』
横山光昭　著（アスコム）

『投資デビューしたい人のための資産運用のはじめ方がよ～くわかる本』
前田通孝　著（秀和システム）

『お金のきほん図解　ゼロからわかる！　最新 お金の教科書（お金のきほん）』
畠中雅子　監修（学研プラス）

『図解　10万円から始める！　初めての人のための資産運用ガイド』
内藤忍　著（ディスカヴァートゥエンティワン）

※本書では、2014年10月『手取り17万円からの貯金の教科書』（小社刊）から内容を抜粋し、加筆・修正を施して図解にしています。

監修：横山光昭（よこやま みつあき）
家計再生コンサルタント。株式会社マイエフピー代表取締役。
家計の借金・ローンを中心に、盲点を探りながら抜本的解決、確実な再生を目指す庶民派ファイナンシャルプランナー。個別の相談・指導では独自の貯金プログラムを活かし、リバウンドのない家計の再生と飛躍を実現。これまで1万人以上の赤字家計を再生し、雑誌、新聞、テレビ、ラジオでも活躍。独自の貯金法などを紹介した『年収200万円からの貯金生活宣言』（ディスカヴァー・トゥエンティワン）など著書も多数。

ずぼらな人でも絶対に損しない
手取り17万円からはじめる資産運用

2018年1月12日　第1刷発行

監修　横山光昭

発行人　蓮見清一
発行所　株式会社宝島社
〒102-8388
東京都千代田区一番町25番地
営業　03-3234-4621
編集　03-3239-0928
http://tkj.jp

印刷・製本　株式会社リーブルテック

ISBN 978-4-8002-7896-8